LITTLE STORIES

OF YOUR LIFE

FÜR RUTH, DEREN GESCHICHTE VIEL ZU FRÜH ENDETE.
ICH WERDE DICH IMMER VERMISSEN.

FÜR D, S, R & E.
ICH LIEBE EUCH AM MEISTEN AUF DER GANZEN WELT.

Titel der Originalausgabe:
Little Stories of Your Life. Find your voice, share your world and tell your story.
Erschienen bei Quadrille, einem Imprint von Hardie Grant Publishing

Deutsche Erstausgabe
Copyright © 2022 von dem Knesebeck GmbH & Co. Verlag KG, München
Ein Unternehmen der Média-Participations

Projektleitung und Lektorat: Anja Sommerfeld, Knesebeck Verlag
Übersetzung: Kathrin Köller, Berlin
Umschlaggestaltung: Leonore Höfer, Knesebeck Verlag
Satz: Akademischer Verlagsservice Gunnar Musan
Herstellung: Arnold & Domnick, Leipzig
Druck: Graspo CZ, a.s.
Printed in Czech Republic

ISBN 978-3-95728-673-4

Alle Rechte vorbehalten, auch auszugsweise.

www.knesebeck-verlag.de

Little Stories of Your Life

Entdecke besondere Momente,
erzähle deine Geschichte, teile deine Welt

Worte und Bilder von

LAURA PASHBY

Aus dem Englischen von

KATHRIN KÖLLER

KNESEBECK

»SEI IMMER AUF DER SUCHE
NACH DER ANWESENHEIT
VON WUNDERN.«

E.B. WHITE

Inhalt

Einleitung   9

TEIL I: SEI AUFMERKSAM

Kapitel 1: Der Zauber des Alltäglichen   15
Kapitel 2: Im Moment leben   43
Kapitel 3: Nach innen schauen   67

TEIL II: FINDE DEINE KREATIVE STIMME

Kapitel 4: Das Geheimnis der Kreativität   95
Kapitel 5: Dinge anders sehen   123
Kapitel 6: Finde deine kreative Stimme   145

TEIL III: ERZÄHLE DEINE KLEINEN GESCHICHTEN

Kapitel 7: The Power of Story   173
Kapitel 8: Kleine Geschichten anfertigen   197
Kapitel 9: Deine Geschichte   223

Fazit   247
Nachwort   249

Bibliografie   250
Anmerkungen   253
Danksagung   255
Über die Autorin   256

Einleitung

Die kleinen Geschichten unseres Lebens erzählen von einfachen Momenten, in denen sich der Alltag in etwas Besonderes verwandelt. Der Zauber von Sonnenlicht, das nach endlos grauen Tagen über die Schlafzimmerwand tanzt, verwehte Eismuster an einem schneekalten Morgen am Küchenfenster oder ein Briefumschlag mit einer geliebten Handschrift versehen, der unerwartet auf die Fußmatte fällt. Es sind kleine Geschichten, aber sie leuchten hell: wie Glühwürmchen oder glitzernde Wassertropfen auf einem winterlichen Ast. Sie betreffen die Leute, die wir lieben, die Details, die wir bemerken, die kleinen Geheimnisse, die wir aufbewahren, und die Erinnerungen, die uns von innen leuchten lassen. In kleinen Geschichten verbergen sich die Gründe, wieso wir morgens das Bett verlassen: Sie beschreiben die winzigen Freuden und alltäglichen Rituale, die uns durch den Tag bringen. Es sind Geschichten über Momente, die wir teilen, Momente, die wir leise für uns selbst hegen und pflegen und die uns zu der Person machen, die wir sind.

Wenn wir den Wert dieser winzigen Momente nicht sehen, dann bekommen wir die kleinen Geschichten nicht mit. Wenn wir sie nicht bemerken, dann verschwinden sie unbeobachtet im Äther. Aber wenn wir lernen, aufmerksam zu sein, dann können wir sie sammeln und eng bei uns tragen. Wir können sie auffangen, wenn sie in der schläfrigen Nachmittagsluft vorbeisegeln. Wir können sie spüren (wie Stimmen, deren Echo wir abseits des Weges wahrnehmen) und wir können ihrem Geflüster folgen. Jeden Tag wartet eine kleine Geschichte auf dich. Wir treffen sie in der letzten Sitzreihe des Busses, wir begegnen ihr, wenn wir uns im bequemsten Sessel des kleinen Cafés an der Ecke niederlassen, oder wir finden sie sanft in einem Lieblingsbuch stecken. Kleine Geschichten überraschen uns an einem verschneiten Morgen oder einem verregneten Nachmittag. Wir finden sie, wenn wir etwas längst Vergessenes in einer Tasche entdecken, sie fliegen nach draußen, wenn wir an einem sonnigen Morgen die Gardinen öffnen oder sie ganz hinten aus einer Schublade ausgraben. Die kleinen Geschichten unseres Lebens aufzufangen und aufzunehmen, bedeutet, bewusst langsamer zu werden. Es bedeutet, anzuhalten und alltägliche Momente und vertraute Details wahrzunehmen. Wenn wir die kleinen Geschichten unseres Lebens erzählen, heißt das, zu würdigen, was uns wirklich wichtig ist, Erinnerungen zu schaffen, das Leben kreativ anzugehen und herauszufinden, was es ist, das uns zu der Person macht, die wir sind.

Ich habe die letzten zehn Jahre damit zugebracht, die kleinen Geschichten meines eigenen Lebens mit Worten und Fotos festzuhalten, und in dieser Zeit meine Kreativität entwickelt und eine neue Karriere aufgebaut. Ich habe die Art, wie ich die Welt sehe, verändert und die Art, wie ich mich selbst sehe. Diese Reise des Geschichtenerzählens begann an dem Tag, als ich als junge Mutter (müde, ein bisschen gelangweilt und ohne Selbstbewusstsein) begann, einen Blog zu schreiben. Als ich die Entscheidung getroffen hatte, die kleinen Geschichten meines Lebens zu erzählen, begann ich, mein Leben mit neuen Augen zu sehen, und das Gefühl, ich hätte nichts zu sagen, verflüchtigte sich. Ich begann, Ausschau zu halten nach schönen oder eindringlichen Momenten, ich suchte nach kleinen Geschichten und feierte den Charme des augenscheinlich Banalen. Ich ergriff die Gelegenheit, meine Kreativität nach meinen eigenen Vorstellungen zu erforschen, und im Zuge dessen teilte ich die Geschichte meines Lebens – die sich ändernde Dekoration meines Küchentisches, meine

EINLEITUNG

Liebe zu Handwerk und Büchern und die Einzelheiten der Welt, die ich um mich herum sah. Ich nahm Kontakt zu anderen Menschen auf, die ebenfalls Geschichten erzählen, und daraus entstanden Freundschaften. Mein Blog führte mich zu Instagram und mit der Zeit entwickelten sich weitere Möglichkeiten: für Magazine und Websites zu schreiben, mit Marken zusammenzuarbeiten und meine Fotos zu verkaufen. Das ermöglichte mir, eine Karriere als Selbstständige aufzubauen, in deren Zentrum das Geschichtenerzählen steht. Ich bin mir ganz sicher, dass alles, was dann kam, aus dem Selbstbewusstsein rührte, daran zu glauben, dass meine Geschichten erzählenswert sind und meine leise Stimme relevant ist. Ich tue, was ich liebe, ich habe herausgefunden, wer ich bin, und all das begann mit kleinen Geschichten.

Vielleicht geht es dir so wie mir, dass du es beängstigend findest, deiner Stimme in dieser lauten Welt Gehör zu verschaffen, und dass es eine Herausforderung ist, deine eigene Geschichte zu erzählen. In diesem Buch möchte ich dir zeigen, dass du durch kreative, achtsame und durchdachte Methoden des Storytellings Zugang zur Kraft deiner kleinen Geschichten finden kannst. Du kannst die Zeit finden, die Momente zu bewahren, die in deinem Leben eine Rolle spielen, und du kannst deine Geschichten nutzen, mit anderen Menschen in Verbindung zu treten. Um mit der Praxis des Geschichtenerzählens anzufangen, brauchst du nichts weiter als eine Kamera, Papier und ein Schreibgerät. Während du die Seiten dieses Buches umblätterst, hab irgendeine Kamera zur Hand – Handykamera reicht – sowie Bleistift und ein Notizheft. Ein Logbuch, Notizheft oder Tagebuch sind im Prinzip verschiedene Wörter für ein und dieselbe Sache: einen Platz zum Aufschreiben unserer kleinen Geschichten. Egal, ob du auf Papier schreibst oder in einem Dokument, das du in deinem Laptop speicherst, ob du Satzfetzen und bruchstückhafte Ideen formulierst oder ob du jeden Tag alles gewissenhaft transkribierst, all das entspringt demselben Impuls – zu erinnern und festzuhalten. In diesem Buch benutze ich die Wörter Tagebuch und Logbuch synonym. Einträge in ein Logbuch zu machen, klingt manchmal vielleicht einschüchternd, aber es ist nichts anderes, als einfach in ein Notizheft zu schreiben. Wie so viele Dinge ist es am effektivsten, wenn du es regelmäßig machst. Ich schlage vor, du versuchst, pro Tag eine kleine Geschichte in dein Logbuch zu schreiben – aber sei nicht frustriert, wenn du einen oder mehrere Tage auslässt. Zusammen entsteht aus deinen kleinen Geschichten ein viel größeres Bild.

Kleine Geschichten können einem total unwichtig erscheinen, aber sie bedeuten alles. Sie überraschen uns, sie erheitern uns, manchmal brechen sie sogar unser Herz. Indem wir Wörter und Fotografien nutzen, um die kleinen Geschichten unseres Lebens festzuhalten, schaffen wir ein Patchwork von kleinen Erzählungen. Damit können wir anfangen, ein Gespür für unsere übergreifende Lebensgeschichte zu bekommen, die etwas darüber enthüllt, wer wir wirklich sind. Wenn du die kostbaren Fragmente sammelst, die *dein* Leben ausmachen, und diese Fragmente ins Licht hältst, um die kleinen Geschichten darin zu entdecken, was siehst du dann? Ich möchte dich ermutigen, nicht nur darüber nachzudenken, *wie* du deine kleinen Geschichten erzählst, sondern auch, *wieso* du dich dafür entscheidest, das zu tun. Ich hoffe, dass dich dieses Buch dazu anregt, die Welt mit ein bisschen anderen Augen zu sehen, deine eigene kreative Stimme zu finden und die Gewohnheit zu entwickeln, die kostbaren Momente deines Alltags einzufangen. Deine Geschichten warten darauf, erzählt zu werden, und die Einzelheiten deines Lebens sind von Bedeutung. Die kleinen Geschichten deines Lebens zu erzählen kann deine Welt für neue Zusammenhänge öffnen, für Schönheit und Gelegenheit – dieses Buch wird dir zeigen, wie.

Der Zauber des Alltäglichen

KAPITEL 1: DER ZAUBER DES ALLTÄGLICHEN

Du hast etwas zu erzählen.

Du hast Geschichten zu erzählen und du bist dazu bereit. Ich weiß, dass du Geschichten zu erzählen hast, denn wir alle haben das, jeder einzelne von uns – es ist der Kern unseres Menschseins. Ich weiß, dass du dazu bereit bist, sie zu erzählen, denn du hast dieses Buch in die Hand genommen. Ich möchte dich mitnehmen auf eine einfühlsame Reise des Geschichtenerzählens. Wirst du sie mit mir antreten? Geschichten zu erzählen beginnt damit, aufmerksam zu sein. Als mein mittlerer Sohn ein Baby war, bin ich auf ein Gedicht von Mary Oliver gestoßen, das *Sometimes* heißt und in dem sie drei Anweisungen zum Leben gibt: »Sei aufmerksam. / Lass dich überraschen. / Rede darüber.«[1] Ich habe das Gedicht immer und immer wieder gelesen. Ich konnte meinen Herzschlag hören. Diese einfachen Sätze bedeuteten mir alles: ein Destillat, eine Offenbarung, eine Einladung, eine Herausforderung, ein Mantra, das ich seitdem mit mir herumtrage. Jedes Wort, das ich schreibe, jedes Bild, das ich aufnehme, jede Geschichte, die ich erzähle, entsteht aus dem Akt, aufmerksam zu sein. Wenn mich etwas fasziniert oder überrascht, habe ich den Drang, es aufzunehmen – und manchmal davon zu erzählen. Mit der Aufmerksamkeit beginnt das Geschichtenerzählen und aufmerksam zu sein hat etwas damit zu tun, seinen Fokus zu finden. Die Welt ist voller Krach, sowohl wörtlich als auch digital, und man kann den Eindruck bekommen, als ob alles und jedes darum streitet, gehört zu werden. Deine Aufmerksamkeit ist wie ein Segen, der alles, was du anfasst, enthüllt und verändert. Worauf der Segen landet, hängt ganz von dir ab. Je genauer du die Welt um dich herum betrachtest und je tiefgründiger du dir die Einzelheiten deines Lebens anschaust, desto mehr wirst du finden, das dich in Staunen versetzt.

In unserer Küche haben wir einen ovalen, ausklappbaren Tisch aus viktorianischer Zeit. Der Tisch ist in der Familie, seit mein Schwiegervater ein Kind war, falls nicht sogar noch länger, und er hat jede Menge Leben und über die Jahre etliche Wohnungen miterlebt. Der Tisch hat seine beste Zeit auf jeden Fall hinter sich, ist gezeichnet von Wasserrändern, Stiftstrichen, verblassten und alten Stellen. Jede Macke auf seiner Oberfläche hat eine Geschichte zu erzählen: die verbrannte Stelle von einem heißen Emaille-Topf voller Suppe für ein Mittagessen am Samstag, die Filzstiftstriche, die über die Ränder eines Kinderbildes geraten sind, die Beulen und Dellen von nachlässig dahingeworfenem Besteck, die nicht mehr vorhandene Lackschicht, die Hunderte Lappen abgewischt haben. Dieser müde Tisch, der alt ist, aber nicht antik, der (niemals bösartig) gequält wurde, der gesehen, aber nicht bemerkt wird, dieser müde alte Tisch bildet den Mittelpunkt unseres Zuhauses. Während der Jahrzehnte, in denen er beständig im Zentrum unseres Familienlebens stand, ist er Zeuge ganzer Lebensgeschichten geworden. Wenn er sprechen könnte, wäre seine Wahrheit das tägliche Leben vieler Zweige unserer Familie – die Geheimnisse des Zuhauses – einfache und häusliche, aber auch zeitlose Geschichten.

An einem Tag im Herbst vor zehn Jahren saß ich an diesem Küchentisch und hielt eine Tasse Tee in den Händen. Mein Laptop lag offen auf dem Tisch, inmitten von verstreutem Spielzeug, den Überresten vom Frühstück und einem Stapel ungeöffneter Briefe. Mich um meine jungen Kinder zu kümmern war wunderbar, aber unglaublich erschöpfend. Ich hatte kaum Zeit, Luft zu holen, geschweige denn einen eigenen Gedanken zu denken. Manche Tage fühlten sich an wie eine endlose Tretmühle aus Füttern, An- und Ausziehen, Trösten und Aufräumen, alles neben dem diplomatischen Verhandeln eines Weges durch die Wutausbrüche und die seltsame Logik von Kleinkindern. Ich liebte mein Leben, aber ich fühlte mich überwältigt davon, als ob ich von einer Flut der Mutterschaft überspült worden wäre. An diesem Tag bot mir das Internet einen Anker. Ich verstand, dass ich, um wieder ein Gespür meiner selbst zu erlangen, einen Weg finden wollte, die Geschichten meines Lebens zu erzählen, wie banal sie mir auch erscheinen mochten: Ich beschloss, ein Online-Tagebuch zu beginnen, einen Blog. Mein erster Post begann mit etwas, was ich auf dem Tisch direkt vor mir

KAPITEL 1: DER ZAUBER DES ALLTÄGLICHEN

sah – einem Korb mit Äpfeln direkt vom Nachbarsbaum. Ein unerwartetes Geschenk, eine kleine Freundlichkeit, eine kurze Geschichte, die darauf wartete, erzählt zu werden.

Um Geschichten zu erzählen, braucht man nur ein paar einfache Werkzeuge. Während du dieses Buch liest, kann es nützlich sein, ein Notizbuch und einen Stift in der Nähe zu haben (oder, wenn du digital bevorzugst, eine Notiz-App in deinem Handy). Falls du ein wunderschönes unbeschriebenes Notizbuch einschüchternd findest, nimm einfach ein billiges Heft, sodass der Druck nicht so groß wird, die Seiten unbedingt mit Weisheit oder Schönem füllen zu müssen. Du bist immer noch eingeschüchtert? Lass die erste Seite frei und beginn mit dem Schreiben auf der zweiten oder dritten Seite. Dieses Notizbuch ist deins. Hol dir dein Schreiben zurück – aus der Schule, Universität oder Arbeit, von wann immer deine Bemühungen zuletzt bewertet und eventuell als nicht gut genug befunden wurden. Denk über Schreiben nicht als etwas, was du nicht »kannst«, sondern als etwas, was dir gehört: ein Weg von deinem Herzen auf die Buchseite.

Um unsere kleinen Geschichten zu erzählen, werden wir eine Kombination aus Wörtern und Fotos nutzen. Fotografie ist nicht nur ein unglaublich starkes Medium, um Geschichten zu erzählen, sie wird auch immer zugänglicher. Meine erste wirkliche Begegnung mit Fotografie war an meinem fünfzehnten Geburtstag, als mein Vater mir eine Olympus Trip 35mm Kamera schenkte und in unserer winzigen Kleiderkammer eine Dunkelkammer einrichtete. Ich war absolut hingerissen von der Alchemie der Fotografie. Jedes Bild, das ich durch den Sucher der Kamera komponierte, war ein vorsichtiger bewusster Sprung ins Dunkle, ein Bild, das verborgen war, bis ich die Negative aus der Schale nahm und die seitenverkehrten Bilder klar wurden. Ich werde den einzigartigen Ton und die emotionale Resonanz des Fotografierens auf Film und diesen Prozess der Bildentwicklung immer lieben, aber heutzutage sind fast alle meine Bilder digital und viele von ihnen sind mit der Kamera meines Handys aufgenommen. Handykameras sind das perfekte Werkzeug, um unsere kleinen Geschichten zu erzählen, denn wir haben sie immer dabei, es gibt keine Obergrenze für die Anzahl der Fotos, die wir machen, und wir können während des Fotografierens sehen, wie das Bild aussieht, das wir aufnehmen, was uns erlaubt, noch während des Prozesses Anpassungen zu machen. Das ganze Buch über werde ich dich anregen, deine Handykamera (oder wenn du möchtest, eine andere Kamera) zu benutzen sowie dein Notizbuch, um die kleinen Geschichten der alltäglichen Momente aufzunehmen.

Es ist kein Geheimnis, dass das Schwierigste am Geschichtenerzählen oft der Anfang ist. Ich schlage vor, wir fangen klein an, so klein wie möglich, suchen die Inspiration darin, was vielleicht jetzt in diesem Moment direkt neben dir ist. Beginnen wir mit einer Tasse Tee. Eine Tasse Tee (oder welches Heißgetränk du auch immer bevorzugst – es ist deine Wahl) ist ein ganz einfacher alltäglicher Gegenstand. Wenn du so bist wie ich, trinkst du davon mehrere am Tag, ob brühend heiß oder vergessen, wiederentdeckt und runtergespült – lauwarm, aber trotzdem willkommen. Jede Tasse Tee kann eine Vielfalt an Geschichten enthalten.

Zuerst ist da die Tasse. Vielleicht ist es deine Lieblingstasse. Vielleicht ist sie vom täglichen Gebrauch angeschlagen oder neu und makellos. Deine Tasse ist vielleicht ein Souvenir von einer Reise oder einem Urlaub, ein Geschenk oder ein gehüteter Schatz aus einer Töpferei. Und dann frage ich mich, was in deiner Tasse drin ist. Schwarzer Tee, Kaffee, Kräutertee? Reduzierst du vielleicht Milchprodukte und ersetzt sie durch Hafermilch? Gibst du Zucker für den Energiekick dazu? Deine Teetasse ist die Geschichte eines Augenblicks – *dieses* *Augenblicks* –, wenn du sie zum Trinken hochnimmst. Wo trinkst du: zu Hause, an deinem eigenen Küchentisch, oder bist du in einem Café, sitzt du auf einer Parkbank, im Büro oder in einem Wartezimmer? Wie geht es dir, während du trinkst: Fühlst du dich belebt, erleichtert, Flüssigkeit aufzunehmen, getröstet oder ermutigt? Trinkst du dein Getränk immer zu einer bestimmten Tageszeit? (Meine Oma aus Yorkshire trank jeden Morgen um Punkt zehn Uhr eine Tasse Kaffee, jeden Tag fast ihr ganzes 90-jähriges Leben lang.) Trinkst du dein Getränk mit jemandem zusammen oder ist es ein Moment, in dem du alleine bist? Die Details, die deine Tasse Tee und deinen Moment einzigartig machen, sind die winzigen Bausteine dieser speziellen kleinen Geschichte.

Mein Tee ist stark, aber mit viel Milch. Die Tasse steht auf einem Stapel Bücher auf dem Tisch in meinem winzigen Dachkammer-Büro. Ich bin früh

JEDE TASSE TEE KANN EINE VIELFALT
VON GESCHICHTEN ENTHALTEN.

KAPITEL 1: DER ZAUBER DES ALLTÄGLICHEN

aufgestanden, um zu schreiben, während der Rest der Familie noch schläft. Die einzigen Geräusche, die ich höre, sind Vogelgesang und das Rascheln der riesigen Birke im Garten gegenüber. Ihre Blätter klingen wie das Flüstern von Ozeanwellen um die Ecke. Ich trinke heißen Yorkshire-Tee aus einer kleinen blau-weiß gestreiften Tasse, die ich vor einigen Jahren auf einer Reise nach Laugharne gekauft habe (ein nebliger, mystischer Ort, an dem der Dichter Dylan Thomas einst zu Hause war). Diese Tasse ist eine Kopie der Tasse, die auf Dylan Thomas' Tisch in seiner Schreibhütte stand: ein lichtgesprenkelter Raum aus Holz mit Blick auf das Anwesen, verblassenden Fotos an den Wänden und zusammengeknüllten Papieren auf dem Boden. Meine eigene Tasse ist angeschlagen, die Glasur hat Risse und ist verblasst, aber ich liebe sie, weil sie mich an die Gedichte von Dylan Thomas erinnert – an die Art, wie er Worte zusammenpurzeln ließ, um verblüffende und wunderschöne Bilder und Bedeutungen heraufzubeschwören. Ich glaube nicht wirklich daran, dass sich die Magie seines Schreibens mittels unserer gleichen Tassen von seinem Tisch auf meinen überträgt, aber während ich meinen Laptop für einen weiteren Arbeitstag öffne, trinke ich mit Vergnügen meinen Tee aus der Tasse des Dichters.

Eine Tasse Tee ist ein beliebtes visuelles Motiv. Es ist ästhetisch ansprechend – die vertraute runde Form der Tasse, der aufsteigende Dampf –, aber wichtiger noch: Eine Tasse Tee hat etwas Universelles. Sie ist ein bildliches Symbol für einen Moment des Friedens und der Geborgenheit. Dieses einfache Ritual lässt sich in den verschiedensten Variationen darstellen, aber wir alle verstehen seine Essenz. Manchmal gibt es Hände, die die Tasse umklammern, ein Sträußchen Blumen auf dem Tisch, ein Buch, übrig gebliebene Müslischalen, eine Zeitung oder ein Stück Kuchen. Die gleiche kleine Alltagsgeschichte kann auf tausend verschiedene Arten erzählt werden. Eine davon ist deine. Ich würde dich gerne einladen, deine Tasse Tee festzuhalten, mit einem Handybild oder einem Absatz in deinem Notizheft, in dem du sie beschreibst, oder idealerweise mit Bild und Text. Denke daran, damit zu beginnen, sehr aufmerksam zu sein. Nimm jeden flüchtigen Moment auf und erzähle die besondere Geschichte deiner Tasse.

Was ich während der zehn Jahre, in denen ich Geschichten erzähle, gelernt habe, ist, dass im Alltäglichen etwas *Magisches* steckt. Ein leiser Schimmer, der die ganze Zeit da ist, auch wenn wir ihn vor lauter hektischem Alltag oft nicht bemerken, so beschäftigt sind wir mit Einkaufs- und To-do-Listen, Orten, die wir aufsuchen, und Menschen, die wir treffen. Unser alltägliches Leben ist voller »gewöhnlicher Geschenke«, wie Joan Didion es nennt, die wir für selbstverständlich halten und dabei gar nicht bemerken, wie wertvoll sie sind, bis zu dem Moment, in dem wir Gefahr laufen, sie zu verlieren. Es gibt eine Spannung zwischen dem Gewöhnlichen, das wir übersehen, und dem Außergewöhnlichen, dem wir permanent hinterherjagen. Die Autorin Dani Shapiro sagt dazu: »Wenn ich das Gewöhnliche ablehne – und darauf warte, dass etwas Spezielles, Besonderes, Extremes passiert –, dann kann ich dabei schnell mal mein Leben verpassen.«[2] Manchmal müssen wir einfach nur genauer gucken, um zu sehen, wo sich im Hamsterrad des Alltags Magie verbirgt.

Ich finde Magie in der hauchzarten Berührung durch das Sonnenlicht auf meinem Kopfkissen, im Klang von klackernden Milchflaschen in der Morgendämmerung. Ich spüre sie, wenn ich das Fenster öffne und zum ersten Mal im Jahr diesen erdigen Geruch des nahenden Frühlings einatme, oder in dem flüchtigen Blick auf die Sonne, die sich durch den wolkenverhangenen Himmel bricht und in einer Pfütze spiegelt. Alltägliche Magie bedeutet für jeden von uns etwas anderes, aber sie ist da, in den Momenten, die gleichzeitig nichts und alles sind. Sie ist ein glitzerndes Band, das sich durch die Tage unseres Lebens zieht.

Unsere täglichen Entscheidungen – unsere Aufgaben, Routinen und notwendigen Interaktionen – zeigen, was für uns zählt, und enthüllen indirekt etwas über uns. Die Autorin Anne Dillard schreibt: »Wie wir unsere Tage verbringen, ist natürlich, wie wir unser Leben verbringen.«[3] Ein Leben besteht aus vielen, vielen zusammengestickten Tagen. Das Gewöhnliche sollte nicht zurückgewiesen oder ignoriert werden: Der Alltag ist alles. Es ist eine Sammlung kleiner Momente, die zusammen ein Muster in einem für jeden von uns einzigartigen Patchwork ergeben, das uns ausmacht. Kannst du ein bisschen anhalten, langsamer machen und deine Augen für die Möglichkeit alltäglicher Magie öffnen? Sei aufmerksam und vielleicht fängst du unerwartet einen Schimmer, etwas Außergewöhnliches, das sich im Gewöhnlichen verbirgt – wie eine leuchtende Perle, die sich in der unauffälligen Austernschale eingenistet hat.

SCHREIBÜBUNG

Beginne mit einer Liste

Um die kleinen Momente unseres Lebens wirklich erleben zu können – und die uns umgebende Magie des Alltags –, müssen wir damit beginnen, sie zu bemerken und anschließend festzuhalten. Eine Liste ist die einfachste Art, loszulegen. Listen sind eine komprimierte Form des Geschichtenerzählens, die uns hilft, unsere Gedanken und unsere Aufmerksamkeit zu fokussieren. Sie sind ein einfaches Mittel, unsere Gefühle, Eindrücke, Beobachtungen und Gedanken aufzuzeichnen.

Versuche am Anfang erst mal, fünf Dinge, die du bemerkst, festzuhalten. Natürlich darfst du auch mehr auflisten. Wenn du Ideen für Listen zusammenstellst, ist es hilfreich, auf deine Sinne zu achten. Hier ein paar mögliche Listen:

- Klänge, die ich wahrnehme
- *Blaue* Sachen, die mir heute aufgefallen sind (oder eine andere Farbe, die für dich passt)
- Was ich heute geschmeckt habe
- Düfte, die mich an zu Hause erinnern
- Momente, in denen ich heute glücklich war
- Texturen, die mir heute unterwegs aufgefallen sind
- Stellen, an denen das Sonnenlicht die Wände in meinem Zuhause berührt
- Meine derzeitigen Lieblingsworte
- Zeichen der Jahreszeit, die mir heute aufgefallen sind

Eine Liste ist ein guter Anfangspunkt zum Schreiben, weil sie einfach ist, schnell geht und unbedrohlich ist. Wenn du dich von dem Gedanken daran, eine Erfahrung zu beschreiben oder eine Geschichte zu erzählen, überwältigt fühlst, dann beginne mit einer schnellen Liste der Worte, die diese Erfahrung beschreiben oder die du mit der Geschichte assoziierst. Listen zu schreiben ist eine ausgezeichnete Art, Themen und Ideen für längere Logbucheinträge oder Geschichten zu sammeln. Du kannst viele kurze Listen anlegen oder du könntest eine Seite in deinem Logbuch (oder im Notizdokument auf deinem Handy) für eine ganz bestimmte Sammlung von Sachen nutzen, die dir auffallen und die du mit der Zeit füllst – z.B. »Momente alltäglicher Magie«.

ALLTÄGLICHE MAGIE BEDEUTET FÜR
JEDEN VON UNS ETWAS ANDERES,
ABER SIE IST ANWESEND IN MOMENTEN,
DIE GLEICHZEITIG NICHTS UND ALLES SIND.
ALLES GLEICHZEITIG.

In unserer geschäftigen, vernetzten Welt ist die Gefahr des Sich-Vergleichens dauerhaft präsent, besonders wenn wir unsere Zeit verloren auf Social Media verbringen. Die Leben anderer Menschen scheinen perfekt und voller Erfolge zu sein: Schnell haben wir den Eindruck, dass unser Leben nicht gut genug ist, dass wir nichts zu bieten haben, keine Geschichte, die es wert ist, geteilt zu werden. Ich weiß aus Erfahrung, dass sich hinter der glänzenden Fassade jedes Instagram-Bildes das unordentlich Unperfekte des echten Lebens verbirgt. Ein einzelnes Bild erzählt immer nur einen Teil der Geschichte einer Person. Und natürlich wollen wir in diesem Bild das Beste von uns präsentieren. Statt sich in die Geschichten anderer zu versenken und dich selbst als mangelhaft zu empfinden, will ich dich unterstützen, nach Wegen zu suchen, wie du die Geschichten erzählen kannst, an die *du* dich erinnern möchtest, Geschichten, die dir gehören und nur dir allein – deine *eigenen* kleinen Geschichten.

Du hast Geschichten zu erzählen.

Stell dir vor, dass du dich selbst durch eine Filmkamera betrachtest. Die Einstellung beginnt mit einer Totalen, die all das zeigt, was in deinem Dorf oder deiner Stadt passiert. Dann zoome heran an den Ort, wo du gerade bist – dein Haus oder das Café oder die Parkbank, wo du dich gerade befindest. Zoome noch näher heran, sodass wir dich im Fokus haben, wie du gerade dieses Buch liest. Zoome noch näher heran und finde ein Detail, das deine Aufmerksamkeit erregt oder dir am Herzen liegt. Vielleicht ist es etwas, was zum Raum gehört oder zum Platz, an dem du sitzt. Vielleicht ist es eine liebevolle Inschrift auf der Parkbank oder es sind die altbekannten Risse im Leder deines Sessels. Vielleicht ist es ein Loch im Ärmel deines Lieblingspullovers, dein Haar, das hinter dem Ohr steckt, oder die abgewetzten Schuhe, die du abgestreift hast, bevor du dich in den Schneidersitz setzt. Vielleicht ist es ein altes Zugticket, das du als Lesezeichen benutzt. Es ist etwas Spezifisches daran, wo du gerade bist, das etwas von dir in diesem Augenblick erzählt. Konzentriere dich darauf, was es ist und wieso es dich anspricht. Was hat dieses Detail über dich zu erzählen? Welche Gefühle löst es in dir aus? Es ist eine kleine Geschichte, die darauf wartet, erzählt zu werden.

KAPITEL 1: DER ZAUBER DES ALLTÄGLICHEN

Die Freude an diesen Geschichten liegt darin, dass sie *klein* sind. Du musst nicht die Geschichte eines ganzen Jahres, einer Woche oder selbst eines Tages erzählen – du wählst die Geschichten von Augenblicken aus, an die du dich erinnern willst. Von langweilig bis aufschlussreich: Kleine Geschichten betreffen die Dinge, die uns einen Moment des Glücks bringen, die zu uns sprechen oder uns eine Pause erlauben. Es geht um die Aufzeichnung unserer Tage: unser Zuhause und unsere Routinen, die Art, wie wir durch die Welt gehen, die Dinge, die uns ansprechen, die Leute, die wir lieben, und die Art, wie nur wir sie sehen. Es geht bei den kleinen Geschichten darum, das Magische im Alltäglichen zu finden – Dinge, die dazu führen, dass unser Herz singt, Details, die normalerweise übersehen werden. Klein ist nicht dasselbe wie unbedeutend: All diese kleinen Geschichten zusammen machen die narrative Welle aus, die uns trägt.

Nur einen Moment von jedem Tag zu sammeln summiert sich über die Wochen und Monate zum Porträt eines Lebens, das den Lauf der wechselnden Jahreszeiten und der Zeit umfasst, eine persönliche Aufnahme und absolut einzigartige Sammlung von Erinnerungen. Schon ein Foto jeden Tag schafft eine Sammlung an Bildern, die die Geschichten eines Lebens erzählen. Alltagsfotografie ist außerdem die beste Art, deinen fotografischen Blick zu schärfen und dir beizubringen, deine Welt durch das Prisma kreativer Komposition zu sehen. Es ist sogar wissenschaftlich bewiesen, dass dies (neben anderen positiven Wirkungen) dein Wohlbefinden durch Selbstfürsorge und mögliche Erinnerungen verbessert.[4]

Meine eigene Reise des visuellen Geschichtenerzählens begann mit einer sogenannten »365 Tage Challenge«. Ich beschloss, jeden Tag ein Foto zu machen. Es stellte sich heraus, dass es mit der Zeit viel einfacher wurde, selbst an Tagen, die ich total öde fand, einen oder mehrere interessante kleine Geschichten zu finden. Ich war auf der Suche nach der Magie des Alltags und ich begann, sie zu finden. Während dieses Prozesses schärfte sich mein kreativer Blick und meine fotografischen Fähigkeiten wurden exponentiell besser. Und ich war glücklicher.

FOTOÜBUNG

Jeden Tag ein Foto

Während du dieses Buch durchblätterst, fordere dich selbst zu deiner eigenen fotografischen Challenge heraus. Du könntest ein Jahr lang jeden Tag ein Foto schießen, oder wenn dir das zu viel scheint, mache es einen Monat lang oder auch nur eine Woche. Du kannst es mit täglichem Schreiben verbinden. Wenn du deine Fotos ausdruckst oder sie mit einer Sofortbildkamera aufnimmst, kannst du sie in dein Logbuch einkleben. Vielleicht magst du deine Challenge unter ein Motto stellen, wie zum Beispiel Essen, etwas Farbiges, morgens oder das Wetter. Wähle den zeitlichen Rahmen und das Thema, das für dich funktioniert. Wenn du im Alltag den Blick auf kleine Geschichten richtest, wirst du Momente der Alltagsmagie bemerken und darüber nachdenken, wie du sie einfangen kannst.

Wenn du deine Challenge beendet hast – am Ende der Woche, des Monats oder des Jahres –, dann nimm dir ein bisschen Zeit, herauszufinden, ob du in den Motiven, die du für deine Fotografien ausgewählt hast, irgendwelche Muster erkennen kannst. Kannst du irgendwelche Veränderungen darin beobachten, wie du dich fühlst, oder darin, wie du auf die Welt blickst?

Magisches findet sich in den Details, die wir im Alltag übersehen und für selbstverständlich erachten. Wir können uns beibringen, unter die Oberfläche zu schauen und Bedeutung, Wahrheit oder Wunder in alltäglichen Ereignissen zu finden. Wenn wir uns den Alltag genau angucken, können wir flüchtige Blicke in die Ewigkeit werfen.

Ein kleiner Moment – wenn du jemanden, den du liebst, morgens mit einem Kuss verabschiedest, im Sonnenschein die Straße entlangläufst oder deinen Mantel aufhängst, wenn du nach einem langen Tag nach Hause zurückkehrst – all diese kleinen Momente enthalten Echos dieser Augenblicke von anderen Zeiten in deinem Leben und denen, die vor dir da waren. Wir sind alle Teil eines unglaublich komplexen Spinnennetzes aus miteinander verbundenen Geschichten. Wenn wir Geschichten von anderen lesen oder anschauen, erkennen wir uns oft selbst wieder, nicht in den wilden Abenteuern, sondern in einfachen Momenten. Die unauffällige Art, in der sich das Leben anderer Leute in unserem spiegelt, erlaubt uns, ihnen nahe zu sein, uns in ihnen wiederzuerkennen und Sympathie zu empfinden. Unsere kleinen Geschichten sind einzigartig, aber sie sind auch universell.

Alltagsmagie bedeutet für jeden von uns etwas anderes, aber wenn wir genau schauen, dann sind es durchaus ähnliche Momente, in denen wir sie finden.

MOMENTE DER STILLE
Es liegt eine Magie in ruhigen Momenten, weil wir uns in ihnen die Zeit geben, einfach nur zu sein. Ein ruhiger Moment kann sein, wenn wir frühmorgens eine Schüssel Porridge in der Küche essen, ein freier Sitzplatz auf dem morgendlichen Weg zur Arbeit, ein Mittagsspaziergang durch den Park und ein Sandwich auf der Bank, ein heißes Bad am Ende eines langen Tages. Ruhige Momente erlauben uns, mit unseren Gedanken alleine zu sein. Oft sind diese Momente selten, was sie umso kostbarer macht. Die Geschichte eines ruhigen Momentes zieht uns an, weil er für viele von uns ein kostbares Gut ist.

KAPITEL 1: DER ZAUBER DES ALLTÄGLICHEN

HÄUSLICHE MOMENTE

Häusliche Momente werden oft übersehen und nicht wertgeschätzt. Dabei lassen sie kleine Funken von Alltagsmagie sichtbar werden. Der tanzende Spülschaum in der Abwaschschüssel, frische Wäsche, die von einer Windbrise vor den blauen Himmel geweht wird, auf dem Tisch beim Keksebacken verstreuter Mehlstaub. Die Magie in wiederkehrenden häuslichen Aufgaben zu finden kann die Art, wie wir über sie denken, verbessern.

MOMENTE DER VERBUNDENHEIT

Es gibt diese Momente, in denen wir uns einer anderen Person verbunden fühlen, egal, ob sie gerade abwesend oder präsent ist. Auf dem Weg zur Schule eine kleine Kinderhand zu halten, die E-Mail einer weit entfernt wohnenden Freundin zu lesen, eine Brosche aufzuheben, die einst unserer Großmutter gehörte, ein Abendessen mit Partner oder Partnerin zu genießen. Das sind Momente, an die wir uns erinnern wollen, weil sich in ihnen unsere kleinen Geschichten mit denen von Menschen, die wir lieben, verbinden.

MOMENTE DES AUSBRECHENS

Manchmal gibt es Momente am Tag, die uns aus dem Hier und Jetzt ausbrechen lassen – zu einem Ort der Erinnerung, der Fantasie oder eines Traums. Vielleicht ist es ein Gegenstand oder ein Foto, das uns an jemanden oder etwas erinnert, was wir lieben. Es kann ein Roman, ein Podcast oder ein Film sein. Vielleicht ist es eine Werbung im Bus, die uns von weit entfernten Orten träumen lässt. Die Magie dieser Augenblicke liegt darin, dass sie uns ein Ausbrechen und eine Pause ermöglichen, selbst wenn es nur in der Fantasie stattfindet.

ZEITLOSE MOMENTE

Zeitlose Momente reflektieren über Geschichten auf uns zurück und verbinden uns mit Tagen und Leben von Menschen, die vor uns da waren. Augenblicke von intensiver Bedeutung oder Familienrituale, wie das Backen eines Geburtstagskuchens, ein Kuchentisch, der auf der Tischdecke der Großmutter gedeckt ist, ein Lieblingsfrühstück am Wochenende oder ein Spaziergang an einem besonderen Ort. Es können Traditionen oder Alltagssachen sein, die mit einer Geschichte verbunden sind. Diese Augenblicke sind voller Magie, weil sie Geschichten sind, die immer weiter gelebt und immer und immer wieder erzählt werden.

HÄUSLICHE MOMENTE
LASSEN KLEINE FUNKEN VON
ALLTAGSMAGIE SICHTBAR WERDEN.

FOTOÜBUNG

Faszination Frühstück

Ich möchte diese Übung damit beginnen, womit du deinen Tag beginnst: mit dem Frühstück. Deine Aufgabe ist es, ein bis drei Bilder deines Frühstücks aufzunehmen.

- Licht ist das wichtigste Werkzeug des Fotografierenden. Eine goldene Regel der Fotografie besagt, versuche, wenn möglich, deine Bilder mit Tageslicht statt in künstlichem Licht aufzunehmen. Schalte möglichst das große Licht aus oder, wenn du in einem Café bist, wähle einen Tisch in der Nähe des Fensters. Achte darauf, von wo das Licht kommt, und beobachte, wie es auf deinen Frühstückstisch trifft. Kannst du dich so positionieren, dass du harte Schatten auf deinem Bild vermeidest?

- Entscheide ganz bewusst, in welchem Winkel du die Kamera hältst, um dein Bild aufzunehmen. Du kannst sie flach über die Frühstücksszene halten für eine Aufnahme von oben oder frontal vor die Frühstücksszene oder in einem Dreiviertelwinkel, entsprechend der Perspektive, die du selbst beim Essen einnimmst. Experimentiere mit den verschiedenen Blickwinkeln, bist du denjenigen gefunden hast, der diese kleine Geschichte am besten erzählt.

- Es gibt eine einfache Fotografie-Regel, die besagt, wenn man ein Bild aufnimmt, sollte man eine ungerade Anzahl an wesentlichen Gegenständen abbilden, zum Beispiel eine Tasse, eine Schüssel und einen Löffel. Dreiergruppen oder andere ungerade Anzahlen sind von Natur aus angenehm fürs Auge.

- Nimm etwas aus der Komposition heraus. Bilder erzählen Geschichten oft am besten, wenn sie übersichtlich sind. Schau, wie sich das Bild verändert, wenn du ein oder zwei Gegenstände aus der Szene herausnimmst.

- Unordnung ist in Ordnung. Du erzählst die Geschichte dieses Moments, deines Frühstücks. Die Krümel auf dem Tisch, der Porridge auf dem Löffel, der verschüttete Zucker ... all das erzählt etwas über den Moment und zieht Leute, die das Foto anschauen, in den Bann. Halte Ausschau nach Lebenszeichen und lass sie Teil deines Bildes werden.

- Denke daran, die Kamera auf das zu richten, was für dich der wichtigste Teil des Bildes ist. Bei den meisten Handykameras tippt man zum Fokussieren auf den Bildschirm.
- Fotografiere mit dem Herzen. Achte auf deine Gefühle, während du die Geschichte dieser Frühstücksszene erzählst.

Wie wäre es, eine Woche lang dein Frühstück zu fotografieren und zu schauen, was sich ändert und was Tag für Tag gleich bleibt?

Es gibt ein Geheimnis, wie man eine kleine Geschichte erzählt, die voller Bedeutung ist und bei den Leuten ankommt. Das Geheimnis? Etwas Wahres erzählen. Etwas Wahres zu erzählen kann einschüchternd sein – als ob du dich selbst bloßstellst –, aber es gibt einen Unterschied zwischen einer Wahrheit und einem Geheimnis. Kleine Geschichten schreien nicht nach einer weltbewegenden Erkenntnis, sie müssen nur einen Kern enthalten, der für dich eine Bedeutung hat. Eine Geschichte muss nicht von etwas handeln, was du sehen kannst, eine Geschichte kann davon handeln, wie du dich fühlst. Der Moment, wenn dir ein Gefühl oder eine Idee in deinem Kopf klar wird, wenn du eine Verbindung zu einem Ort oder einer Person beobachtest, wenn du die Bedeutung oder Schönheit eines bestimmten Gegenstands feststellst – wenn du denkst *Ja genau, so fühlt es sich an, ich zu sein, genau hier und jetzt*. Das sind die Momente, wenn du eine kleine Geschichte zu erzählen hast.

Die Geschichten *deines* Lebens werden einen Anteil deiner Einzigartigkeit umfassen – einen Funken davon, wer du bist – und das macht jede kleine Geschichte noch kraftvoller. Etwas Wahres zu erzählen ist eine subtile Kunst – du kannst es machen, indem du etwas zeigst, statt offen darüber sprichst. Eine kleine Geschichte kann eine Wahrheit indirekt enthüllen: Die Dinge, die in unserem Leben wichtig und von Bedeutung sind, vermitteln sich darüber, was du auswählst zu erzählen. Zum Beispiel komponiere und teile ich Bilder von mir im Wald, besonders im Nebel. An der Oberfläche erzählen diese Bilder etwas über meine Lust, spazieren zu gehen, besonders an einem nebligen Morgen, aber sie erzählen auch etwas darüber, dass ich es genieße, allein zu sein. (Ich bin ein introvertierter Mensch und regelmäßig Zeit für mich allein zu haben erlaubt es mir, aufzublühen). Draußen in der Natur, besonders im Wald, zu sein ist ein Ausbrechen für mich, was für mein emotionales Wohlbefinden absolut wichtig ist – etwas, was ich noch sehr viel besser verstanden habe, seit ich angefangen habe, meine Erfahrungen unter den Bäumen zu erforschen und mit meiner Kamera und meinen Worten einzufangen. Zwischen den Bäumen bin ich am meisten ich selbst.

Als Menschen verstehen wir unsere Leben als kontinuierliche Suche nach Bedeutung und unsere kleinen Geschichten sind ein guter Ort, um damit anzufangen. Manchmal wird das größere Bild – also die größere

KAPITEL 1: DER ZAUBER DES ALLTÄGLICHEN

Wahrheit – sichtbarer, wenn wir genauer draufgucken. Unerwartete Verbindungen und zugrunde liegende Bedeutung lassen sich durch den Prozess des Sammelns von bemerkenswerten Elementen unseres Lebens finden oder solchen, die uns auf irgendeine Art stärker mit unseren Gefühlen verbinden. Vielleicht stößt du durch das Erzählen deiner kleinen Geschichten auf etwas größeres Unbekanntes, aber die Entdeckung beginnt mit einer kleinen Geschichte – sie beginnt damit, etwas Wahres zu erzählen.

Ich habe gelernt, dass es Wahrheit ist, die die Menschen in eine Geschichte zieht. Eine Geschichte kann unglaublich kraftvoll sein, wenn sie mit Ehrlichkeit geteilt wird, aber Ehrlichkeit kann uns uns auch verletzlich fühlen lassen. Klein anzufangen hilft: Wir erzählen nicht unsere ganze Lebensgeschichte, wir erzählen *kleine* Geschichten aus unserem Leben. Die Wahrheit eines winzigen Moments zu erzählen, fühlt sich viel weniger einschüchternd an, als bedeutende Ereignisse zu erzählen, und doch wird sogar eine winzige Wahrheit eine Verbindung zwischen der erzählenden Person und dem Zuhörenden oder der Betrachtenden schaffen. Eine kleine wahrhaftig erzählte Geschichte wird immer mehr Kraft entfalten als eine große Narrative ohne Herz.

Die Geschichte, die ich am ersten Tag auf meinem Blog erzählt habe, war die kleine Geschichte eines Korbs voller Äpfel. Damals lebte ich in einem Viktorianischen Reihenhaus in Bristol. Mein Lieblingszimmer im Haus war der Dachboden, von wo aus ich über die Dächer der Stadt und eine Reihe an Gärten blicken konnte. Aus meinem Dachbodenfenster konnte ich sehen, wie die Wolken vorbeizogen, und gleichzeitig konnte ich auf den knorrigen alten Apfelbaum im Garten nebenan blicken. Im Frühling produzierte er eine Wolke weißer Blüten, die wie Konfetti nach unten in den Garten rieselten. Im Herbst trug er glänzende rote Früchte, die ich sehen, aber nicht berühren konnte. Diese wunderschönen unerreichbaren Äpfel erinnerten mich an ein einst geliebtes Bilderbuch: das Märchen, in dem Rapunzels Mutter auf die verbotenen Früchte im benachbarten Garten schaut, nach denen es sie verlangt, aber die sie nicht pflücken kann. Eines Tages hinterließen die Nachbarn unerwarteter Weise auf meiner Türschwelle einen Korb mit genau diesen Äpfeln. Hocherfreut backte ich einen Kuchen mit den langersehnten Früchten (die ganz genauso lecker waren, wie ich sie mir erträumt hatte). Ich schnitt Stücke davon für meine kleinen Söhne ab und reichte Apfelkuchenstücke über den Zaun an das freundliche Paar nebenan.

Das war die kleine Geschichte des Apfelkorbs. Es war eine ganz kleine einfache Geschichte, aber es war meine und sie war wahr.

Beim Erzählen kleiner Geschichten geht es nicht notwendigerweise darum, bemerkenswerte Ereignisse wie Reisen, Feiern oder Partys festzuhalten. Es geht darum, eine Geschichte an einem ganz normalen Tag zu finden, egal, wie klein sie sein mag. An einem regnerischen Mittwoch im Winter kann das ganz schön mühsam sein, wenn du das Gefühl hast, es passiert gar nichts Interessantes in deinem Leben, aber die Tage, die am wenigsten bemerkenswert sind, bergen immer winzige Geschichten, die darauf warten, erzählt zu werden. Und die Belohnungen sind am größten, wenn du etwas versteckte Magie entdeckst. In jedem Leben gibt es Freude und Trauer, Feier und gebrochene Herzen, aber es sind die Zeitspannen dazwischen, die bedeutend sind: die wunderschönen, alltäglichen Tage. Wenn wir die Geschichten unseres Lebens erzählen, brauchen wir keinen großen erzählerischen Bogen. Du musst keinen epischen Roman schreiben und deine Geschichten müssen sich auch nicht auf schöne, aufregende Ereignisse beschränken. Ich möchte dich ermutigen, deine Geschichte zu erzählen, indem du klein anfängst und *kleine Geschichten deines Lebens erzählst*.

Es ist an der Zeit, zu lernen, aufmerksam zu sein.

EINE KLEINE WAHRHAFTIG ERZÄHLTE
GESCHICHTE WIRD IMMER MEHR
KRAFT ENTFALTEN ALS EINE GROSSE
NARRATIVE OHNE HERZ.

Im Moment leben

KAPITEL 2: IM MOMENT LEBEN

Aufmerksamkeit ist ein rares Gut.

Wir geben sie nicht einfach so, wir bezahlen damit, als ob es eine Währung wäre. Mit den Augen von Marketing-Menschen betrachtet, übersetzt sich Aufmerksamkeit in Geld. Ihr Ziel ist es, sie beim Schopf zu greifen, deswegen werden wir permanent mit Werbung attackiert, während wir in Magazinen blättern, durch Social Media Feeds scrollen oder morgens zur Arbeit pendeln. An unserer Aufmerksamkeit wird die ganze Zeit gezogen und geschubst. Es ist an uns, sie zurückzuholen: sie entschlossen zu bewachen und vorsichtig zu verschenken. Aufmerksamkeit ist kostbar. Mary Oliver hat sie einmal mit Hingabe verglichen.[1] Uns der Qualität und Ausrichtung unserer Aufmerksamkeit bewusst zu werden ermöglicht uns, die Momente unseres Lebens auf eine bewusstere Art zu erleben. Wenn unsere Aufmerksamkeit auf etwas fällt, das ein Gefühl von Pause oder einen Funken Interesse hervorruft, dann haben wir eine kleine Geschichte zum Erzählen gefunden.

Mihaly Csikszentmihalyi, Professor für Psychologie und Autor des Klassikers *Flow*, bezeichnet Aufmerksamkeit als »psychische Energie«. Er beschreibt den Unterschied zwischen fokussierter Aufmerksamkeit als zielgerichtetem Lichtstrahl und Aufmerksamkeit, die flackerhaft und diffus ist. Unsere Aufmerksamkeit hat eine innewohnende Kraft – wie wir sie ausrichten, kann unser Leben verbessern oder uns unglücklich machen.

Er erklärt, dass wir uns selbst *erschaffen* durch die Art, wie wir unsere Aufmerksamkeit investieren: »Erinnerungen, Gedanken und Gefühle werden alle dadurch geformt, wie wir sie nutzen.«[2] Aufmerksamkeit ist kostbar und sie ist außerdem begrenzt. Wie wir sie ausrichten, bestimmt nicht nur unsere Erfahrungen, sondern auch, *wer wir sind*.

Unsere Aufmerksamkeit bewusst auszurichten ist ein Kerngrundsatz der Philosophie und Praxis der Achtsamkeit. In ihrem Buch *Mindfulness*, das buddhistische Philosophie und moderne Wissenschaft zusammenbringt, benutzen Christina Feldman und Willem Kuyken eine ähnliche Metapher. Sie schreiben, dass Achtsamkeit es notwendig macht, dass »wir unsere Aufmerksamkeit wie den Lichtstrahl einer Taschenlampe einsetzen und *auswählen*, worauf wir das Licht treffen lassen und was im Dunkeln bleibt«.[3] Diese Bildsprache ergibt für mich sehr viel Sinn: Das Licht meiner bewussten Aufmerksamkeit beleuchtet bestimmte Momente innerhalb einer Wolke von Bekanntem und Übersehenem. Wir können unseren Lichtstrahl der Aufmerksamkeit verändern, seine Weite und Helligkeit anpassen. Wie die imaginäre Filmkamera, die du im ersten Kapitel auf einen Moment gerichtet hast, so kann der Lichtstrahl unserer Aufmerksamkeit auf eine ganze Szenerie scheinen oder lediglich auf ein klitzekleines Detail, je nachdem, wie wir uns ausrichten und fokussieren. Zu versuchen, ganz bewusst das Licht unserer Aufmerksamkeit zu fokussieren und auf unsere gegenwärtigen Erfahrungen zu richten, kann zu einem besseren Verständnis dessen führen, was Feldman und Kuyken als »Nuancen des Augenblicks«[4] bezeichnen.

In meiner eigenen Praxis des Geschichtenerzählens geht es mir so, dass das achtsame Erleben von Augenblicken mir ermöglicht, gedanklich präsenter zu sein. Das hilft mir wiederum dabei, aufmerksamer für die kleinen Geschichten des Lebens zu sein. Ich praktiziere nicht im engeren Sinne Achtsamkeit, aber mit der Zeit habe ich verstanden, dass manche meiner kreativen Prozesse den Techniken ähneln, die in Achtsamkeit und Meditation verwendet werden. Ich bin mir der Nuancen des Augenblicks bewusst und ich lerne ständig, meine Aufmerksamkeit so auszurichten, dass sie die Geschichten, die ich erzählen will, beleuchtet: Geschichten von Unerwartetem, Vergessenem, Unvollkommenem und Vergänglichem. Wie eine Studie aus dem Jahr 2020 zeigt,[5]

KAPITEL 2: IM MOMENT LEBEN

ist Achtsamkeit nicht ganz ohne Risiko, und wenn du mit Übungen zu Achtsamkeit beginnen möchtest, bitte ich dich, das unbedingt unter qualifizierter Anleitung zu tun. Aber ich glaube, dass es für uns als Erzählende hilfreich sein kann, uns einige Prinzipien der Achtsamkeit anzuschauen, um den Augenblick bewusster zu erleben. Wir können uns von Ideen der Achtsamkeit und Meditation inspirieren lassen und ihre Lehren können uns in unseren kreativen Prozessen helfen.

Ich bin nie mehr im Augenblick präsent, als wenn ich mit meiner Kamera durch den nebligen Wald stapfe. Der Nebel lullt meine Sinne nicht ein, sondern schärft sie im Gegenteil – Farben erscheinen heller, Geräusche klingen klarer. Vertraute Pfade verwandeln sich in eine unbekannte Welt; in eine Wolke getaucht, fühlt sich alles neu an. An einem Morgen im September ist die Luft dunstig, als ich meinen jüngsten Sohn zur Schule bringe. Auf dem Berg über der Stadt kann ich eine Nebeldecke sehen, eine Wolke, die sich auf den Baumkronen ausruht. Ich weiß, dass es nicht lange dauern wird, bis die Sonne durchbricht. Sobald ich zu Hause bin, schnappe ich meine Kamera und eile zur Tür hinaus. Oben auf dem Hügel ist die Luft noch nebelverhangen und schimmert silbern zwischen den Birken. Das Licht ist weich und diffus und verstärkt die Farbe der Blätter. Sie leuchten grün, mit etwas dazwischen gesprenkeltem Gelb. Ich kann kleine Wesen hören, die sich am Boden der Hecken bewegen – vielleicht Vögel oder Spitzmäuse? Die Bäume bewegen sich und rascheln und Wasser tropft von ihren Ästen. Am Boden knacken die ersten gefallenen Blätter. Es ist der Tag vor der Herbst-Tagundnachtgleiche und wir befinden uns in der Pause zwischen den Jahreszeiten. Der Sommer verwandelt sich in den Herbst. Silberne Spinnenweben leuchten in den Weißdornen und die Ringeltauben gurren zart.

Wenn ich im Nebelwald laufe, vergesse ich alles andere. Meine To-do-Liste und den kommenden Tag. Alles verdunstet, wenn ich die feuchte Luft auf meinem Gesicht spüre und dem blassen Lichtschimmer zwischen den sich biegenden Ästen zuschaue. Der Nebel macht alles weicher und ich werde nie müde, seine Kraft der Verwandlung zu bestaunen, wie er alles, was er berührt, mit Geheimnis umhüllt. An einem besonders

KAPITEL 2: IM MOMENT LEBEN

kalten, grauen und nebligen Morgen vor ein paar Jahren traf ich einen alten Herren, der alleine im Wald spazieren ging. Als er mich mit meiner Kamera sah, lächelte er und sagte: »Dies ist meine Lieblingsjahreszeit – wunderschön, oder?« Nicht alle sehen es, aber einen nebligen Novembermorgen umgibt tatsächlich etwas ganz besonders Geheimnisvolles. Ich lächelte, stimmte ihm zu und wir gingen unserer Wege. Später, als ich über diese kurze Begegnung nachdachte, fiel mir auf, dass ich die Schönheit von Nebel nicht immer gesehen habe. Mit der Zeit verstand ich, dass es meine Kamera war, die mir das beigebracht hat. Der Blick durch den Sucher zwang mich zu einer Pause, die Suche nach dem Licht ließ mich verstehen, wie der Nebel das Licht weicher macht, und indem ich einen Rahmen für meine Komposition wählte, suchte ich nach Details, die die Szene zum Singen bringen würden. Mit der Kamera in der Hand wird ein Spaziergang im Nebel zu einer achtsamen Erfahrung – ein ruhiger und meditativer Start in den Tag.

Auf der anderen Seite des Feldes, das sich am Waldrand entlangstreckt, wird ein goldenes Leuchten stärker: Die Sonne bricht durch die Wolken. Angeschoben vom Wind, segeln Blätter diagonal über den Pfad. Der Nebel, der jetzt nur noch aus einzelnen Flecken besteht, lässt sich ebenfalls treiben und herumwirbeln. Mit meiner Kamera über der Schulter hängend, wähle ich den Pfad, der mich nach Hause führt, zu einer heißen Tasse Tee und dem rufenden Laptop. Die Sonne ist herausgekommen, der Moment des Nebels ist vorbei, die morgendliche Stille vergangen. Jetzt beginnt ein neuer Tag.

Eine achtsame Herangehensweise an das Geschichtenerzählen kann dich an Augenblicke von Alltagsmagie heranführen. Der Autor und buddhistische Mönch Thích Nhất Hạnh hat Achtsamkeit als Praxis des »tiefen Berührens jedes Momentes des täglichen Lebens«[6] beschrieben. Er zeigt auf, wie wichtig es ist, nicht nur die Welt um uns herum wahrzunehmen, sondern auch das, was unsere Körper spüren.[7] Eine unscheinbare Erfahrung – wie ein Spaziergang an einem nebligen Tag – kann voll Wunder sein, wenn wir uns erlauben, unsere Wahrnehmung zu ändern, und versuchen, sie bewusst zu erleben. Wenn man seine Gefühle und die tägliche Realität unserer Leben bewusster wahrnimmt, ändert sich die Art, wie wir den gegenwärtigen Moment erleben. Es kann auch für ein erweitertes Verständnis von der Welt um uns herum sorgen, ein Gefühl von Ehrfurcht schaffen und ein stärkeres Bewusstsein dafür, wer wir sind.

Ganz bewusst im Moment zu leben ist mein Weg, um mich in meiner kreativen Praxis zu fokussieren. Egal, ob ich eine Erfahrung mit Wörtern oder mit einem Foto festhalte, ich richte meine Aufmerksamkeit darauf, was hier und jetzt passiert, indem ich direkt mit meinen Sinnen teilhabe. Ich beobachte, was ich höre, was ich rieche, die Beschaffenheit dessen, was ich sehe und fühle, die Lufttemperatur sowie die Richtung und Qualität des Lichts. Manche dieser Elemente lassen sich am besten mit Wörtern einfangen, andere mit Bildern und manche lassen sich, egal wie, nur schwer festhalten, aber allein sie zu bemerken bereichert meinen Bezug zu diesem Moment. Sinnliche Eindrücke bewusst wahrzunehmen ist eine Achtsamkeitstechnik, aber es ist auch ein wichtiges Werkzeug beim Geschichtenerzählen. Autorin und Story-Guru Bobette Buster geht davon aus, dass es immer ein primäres Gefühl gibt, das eine bestimmte Erinnerung dominiert. Dieses sensuelle Gedächtnis einzuschalten und es hervorzurufen, wenn du deine Geschichte erzählst, erlaubt dir nicht nur, dich mit den Gefühlen zu verbinden, die du beschreibst, sondern auch eine Verbindung zum Publikum aufzunehmen, dem du deine Geschichte erzählst, indem du es in den Moment hineinziehst.[8] (Im siebten Kapitel gibt es ein faszinierendes Interview mit Bobette Buster, in dem sie ihre Storytelling-Erkenntnisse mit uns teilt.)

TIPPS UND TRICKS

Im Hier und Jetzt

Experimentiere mit einer Hier-und-Jetzt-Übung. Das ist eine perfekte Möglichkeit, den gegenwärtigen Moment mit all deinen Sinnen bewusst zu erleben. Setze dich mit den folgenden Punkten auseinander:

- Was kannst du sehen?
- Was kannst du hören?
- Welche Empfindungen von Berührung verspürst du?
- Welche Strukturen und Oberflächen bemerkst du?
- Welche körperlichen Empfindungen nimmst du wahr (z.B. Hunger, Schmerz etc.)?
- Was kannst du riechen?
- Wie ist die Temperatur und Feuchtigkeit der Luft?
- Welche Qualität hat das Licht?
- Welche weiteren Empfindungen oder Gefühle verspürst du in dir im Hier und Jetzt?

Trage deine Antworten in dein Logbuch ein.

KAPITEL 2: IM MOMENT LEBEN

Jeder Augenblick ist per definitionem kurz und vergänglich: ein kleiner Moment im endlosen Meer der Zeit – durch das wir uns beständig bewegen, oft ohne uns seiner riesigen Ausmaße bewusst zu sein. Kleine Geschichten zu sammeln ist eine Möglichkeit, einzelne Momente aus der Flut der Zeit herauszufischen. Die Dichterin Vita Sackville-West schrieb davon, Momente wie mit einem Netz zu fangen, wobei sie Momente nicht als Fische, sondern als Schmetterlinge sah. Schreiben fühlte sich für sie an, »wie ein Netz auf den Schmetterling des Augenblicks zu werfen«,[9] ihn zu fangen, bevor er vorbeizieht und vergessen ist. Ich liebe diese Metapher: Augenblicke als helle, fragile Schmetterlinge zu begreifen ist für mich absolut stimmig. Augenblicke sind – genau wie Schmetterlinge – schwer zu fassen, oft voller Schönheit und manchmal ein vergängliches Mysterium. Wenn ich mich zu einem solchen Schmetterlingsaugenblick hingezogen fühle, versuche ich zu verstehen, was ihn für mich interessant macht. Selbst ein bekannter Augenblick kann mir etwas Neues über meine Welt mitteilen, wenn ich ihn bewusst beobachte. Ich möchte die Geschichte von Augenblicken erzählen, die ein Gefühl von Sehnsucht ausdrücken, die unerwarteter Weise Sinn ergeben oder die eine Frage beantworten, von der mir gar nicht bewusst war, dass ich sie mir gestellt hatte – Momente, die etwas über sie selbst Hinausgehendes an sich haben. Ich fange Schmetterlingsaugenblicke vorsichtig, passe auf, dass ihren zerbrechlichen Flügeln nichts passiert, während ich sie beobachte. Ich notiere sie mir mit Worten oder mit einem Foto und akzeptiere dann, dass sie wegfliegen müssen und mich mit dem Bild, das ich mir in der Erinnerung von ihnen gemacht habe, alleine lassen.

Schreiben ist ein Werkzeug, um Augenblicke einzufangen, aber der Prozess des Schreibens kann auch selbst eine achtsame Aktivität darstellen. In ihrem Buch *The Joy of Mindful Writing* schlägt Joy Kenward vor, dass wir dem Schreiben mit einer Wertschätzung des Raums begegnen, der ihm innewohnt: der verheißungsvolle Platz einer leeren Seite, der räumliche Abstand zwischen Wörtern und Absätzen, der fantasievolle Raum, Ideen zu entwickeln, und die Pausen, die entstehen, während wir überlegen, was wir schreiben. Sie sagt, wenn wir uns dafür entscheiden, diese Räume ruhig statt ängstlich anzugehen, »können wir gleichzeitig friedlich und abenteuerlustig sein«.[10] Bei meinem eigenen Schreiben empfinde ich es als ermutigend, die leere Seite so zu empfinden – nicht als beängstigend, sondern als voller Möglichkeiten. Ich versuche, meine natürlichen

AUGENBLICKE SIND —
GENAU WIE SCHMETTERLINGE —
SCHWER ZU FASSEN.

Pausen des Nachdenkens nicht als erschreckend, sondern als notwendig zu akzeptieren. Manche Autor:innen verorten Schreiben in der Nähe von Meditation, einer Methode, die man nutzen kann, um einen Zustand der Achtsamkeit zu erreichen. Natalie Goldberg, eine Autorin, die über ein Jahrzehnt lang Zen-Meditation studiert hat, sagt in *Schreiben in Cafés – Writing Down the Bones*, dass Meditation und Schreiben in Harmonie miteinander existieren: »Es gibt keinen Unterschied zwischen Schreiben, Leben und Geist.«[11] Sie rät Autor:innen, damit anzufangen, der Welt um sie herum gründlich zuzuhören. Dieses tiefgründige Zuhören – eine Art, Aufmerksamkeit zu leisten – ist ein Anfangspunkt dafür, die Realität mit Worten einzufangen.

Eine meditative Herangehensweise an das Schreiben kann dir dabei helfen, deine kleinen Geschichten zu erzählen. Wähle als Erstes eine Aufgabe für dein Schreiben. (Du findest in jedem Kapitel dieses Buches mindestens eine.) Ich würde vorschlagen, mit einer leeren Seite in deinem Notiz- oder Tagebuch zu beginnen. Nimm dir einen Moment Zeit, bevor du schreibst. Betrachte die Seite vor dir als einen liebevollen Raum, vielleicht sogar als eine Einladung. Sei offen für die Möglichkeiten dieses Raums und nimm dir Zeit, zuzuhören – der Welt um dich herum und der Stimme in dir. Schreiben verlangt danach, Ablenkung zu vermeiden, genau wie Meditation – zum Beispiel die stets präsente Verführung des Internets. Wenn deine Gedanken auf Wanderschaft gehen, bring sie behutsam zurück zur Seite. Eine meditative Herangehensweise an das Schreiben beinhaltet, Pausen zum Nachdenken zu akzeptieren. Verspürst du ein Gefühl von Stille, während du darauf wartest, dass die Wörter kommen? Frieden statt Frustration oder Angst im Raum zwischen den Wörtern zu finden bedarf einer bewussten Herangehensweise. Genau wie Meditation ist das Schreiben eine nach innen gerichtete Aktivität, die uns erlaubt, unser wahrstes Selbst zu reflektieren und auszudrücken. Beide Übungen funktionieren am besten, wenn man sie regelmäßig macht. Julia Cameron, die Autorin des Buchs und Kreativkurses *Der Weg des Künstlers*, plädiert für eine tägliche Stream-of-Consciousness-Schreibübung, die sie die »Morgenseiten« nennt. Sie betrachtet die Morgenseiten selbst als eine Form der Meditation, die einem »Licht von innen« bietet, wie sie es nennt, und dabei helfen kann, Veränderung in unserem Leben herbeizuführen.[12] Vielleicht magst du damit experimentieren, eine kurze tägliche Schreibübung einzuführen. Je beständiger ich mich hinsetze, um zu schreiben,

SCHREIBÜBUNG

Ein Fenster in die Jahreszeiten

Die sich ändernden Jahreszeiten bewusst wahrzunehmen ist eine Möglichkeit, wie wir lernen, uns der Nuancen des Augenblicks bewusst zu werden. Der Wechsel der Jahreszeiten ist permanent im Hintergrund unserer Tage und die Änderungen sind graduell und subtil. Wähle für diese Aufgabe ein Fenster (in deinem Zuhause, auf deiner Arbeit oder irgendwo, wo du regelmäßig Zeit verbringst). Betrachte das Fenster als einen Bilderrahmen und die Szene dahinter als ein sich stetig änderndes Bild.

Nimm dir Zeit, aus dem Fenster zu schauen. Werde ruhig und erlaube dir, dich in der Ansicht zu verlieren, egal, wie sie aussieht. Beschreibe die Szene, die sich davor abspielt, in deinem Logbuch. Versuche das, was du schreibst, im Hier und Jetzt und der aktuellen Jahreszeit zu verankern. Welche Besonderheiten kannst du einbringen, ohne die Jahreszeit zu benennen? Denke an das Wetter, den Himmel, die Stärke und Richtung des Lichts, Farbtöne, sichtbare Änderungen in der Natur, die Kleidung, die die Menschen tragen, und die Emotionen, die diese Szene in dir auslöst. Wenn du möchtest, kannst du die Szene außerdem mit einem Foto festhalten – idealerweise einem, das du in dein Logbuch neben deine Worte klebst.

Wiederhole diese Übung im Verlauf des Jahres so oft du willst – das erlaubt dir, den Fluss der Jahreszeiten wirklich zu beobachten und dich in deine spezifische Ansicht zu vertiefen, indem du alle Aufmerksamkeit darauf richtest, was du im Fensterrahmen siehst. Lerne die Welt außerhalb deines Fensters im Frühling, Sommer, Herbst und Winter kennen, aber schenke deiner Aussicht aus dem Fenster auch in den Zeiten zwischen den Jahreszeiten Beachtung. Beobachte die Übergänge, wenn der Sommer langsam zum Herbst wird oder der Winter in den Frühling übergeht.

desto wahrscheinlicher ist es, dass ich in einen Zustand friedlicher Kontemplation komme, wenn ich eine neue leere Seite in meinem Notizbuch aufschlage oder ein neues Dokument auf meinem Laptop öffne.

Genau wie das Schreiben kann auch das Fotografieren eine meditative Aktivität darstellen. Sich zu fokussieren ist wesentlich für die Meditation und in der Fotografie genauso wichtig – sowohl was die zielgerichtete Aufmerksamkeit betrifft als auch die physische Handlung, die Kamera auf ein ausgewähltes Objekt zu fokussieren. Meditation und Fotografie nötigen uns dazu, unser Verständnis des Alltäglichen zu hinterfragen, indem wir uns dafür entscheiden, Alltagsaspekten intensive Aufmerksamkeit zu widmen. Für mich fühlt sich Fotografie auf jeden Fall ganz ähnlich an wie Meditation. Eine Kamera in der Hand oder um den Hals hängen zu haben zieht mich tiefer in den Augenblick, erinnert mich daran, mich neu auf meine Umgebung einzulassen, egal, wie bekannt sie sein mag. Meine Kamera wird zu einem Teil von mir, einer Einladung an mich selbst, die Geschichte des Jetzt zu erzählen. Es gibt immer etwas zu fotografieren, wenn ich meine Augen für die Welt öffne. Wenn ich durch den Sucher oder den Handy-Ausschnitt schaue, lasse ich Vergangenheit und Zukunft los und denke nur daran, was ich *jetzt in diesem Moment* sehe und wie ich es am klarsten und bedeutungsvollsten präsentieren kann. Die Begrenzung des winzigen Rahmens zwingt mich, das Bild und auch mich selbst zu fokussieren – Konzentration und Hände dürfen beide nicht flattern. Mein Körper ist ruhig, mein Atem kontrolliert: Die Kamera verbindet meine Augen, Hände und Gedanken. Ich bin absolut vertieft, versunken, voll anwesend und in höchstem Maße lebendig. Der Buddhist und Lehrer Stephen Batchelor sagt, dass diese Vereinigung von Körper und Sinnen in dem Moment, bevor der Auslöser gedrückt wird, eine Intensität im Bild entstehen lässt, die uns »einen flüchtigen Blick in das Herz dieses Moments gewährt«.[13]

Genau wie Schreiben ist Fotografie ein Werkzeug, um Schmetterlingsaugenblicke festzuhalten, sie aus der Zeit herauszuholen und für die Nachwelt zu bewahren. Eine Kamera nimmt auf, was sich vor der Linse befindet, aber sie hält auch etwas von der Person hinter der Kamera fest und bietet einen flüchtigen Blick in die Gedanken und Gefühle des Fotografierenden. Wir hinterlassen unglaubliche emotionale Fingerabdrücke auf jedem Bild, das wir komponieren. Einen

meditativen Moment mit der Kamera festzuhalten erlaubt uns, zu diesem selben Moment in der Zukunft zurückzukehren. Fotos sind Ausweise, mit denen wir in der Zeit zurückreisen können, um den exakten Moment, in dem das Foto aufgenommen wurde, noch einmal zu erleben. Wir werden an die Sekunden, bevor der Auslöser gedrückt wurde, erinnert und – falls wir wollen – können diesen Moment wieder und wieder besuchen. Für mich ist das ein wichtiger Grund, um regelmäßig meine digitalen Bilder auszudrucken. Ich werde nie müde, mich an einem Stapel Fotos zu erfreuen. Einen Moment in meinen Händen zu halten (bevor ich ihn rahme, zwischen die Seiten eines Buchs stecke oder an die Wand über meinem Schreibtisch klebe) ist für mich fast schon Hexerei.

Die Fotografin Dorothea Lange sagt, dass die Kamera »ein Instrument ist, das den Menschen beibringt, ohne Kamera zu sehen«.[14] Ich habe keinen Zweifel daran, dass die Praxis des täglichen Fotografierens mir im Laufe der Jahre beigebracht hat, die Welt anders zu sehen. Fotografie ermutigt uns, nicht nur zu schauen, sondern aktiv zu sehen. Wenn wir schauen, richten wir unseren Blick in eine bestimmte Richtung, aber wenn wir sehen, nehmen wir wahr, wir stellen uns vor, wir erkennen wieder und verstehen. Sich zu entscheiden, dem jetzigen Moment gegenüber aufmerksam zu sein und zu lernen, einen klaren Fokus zu bewahren, ist der Anfangspunkt für eine fotografische Übung, die unsere Fähigkeit, zu sehen, weiterentwickelt, bis die veränderte Art der Wahrnehmung schließlich zu einem Teil von uns wird. Ich habe festgestellt, dass ich heute, selbst wenn ich ohne meine Kamera unterwegs bin, in meinen Gedanken ein Bild komponiere, wenn mir ein Detail auffällt, das eine Geschichte erzählt. Das Zu-sehen-Lernen ist ein Vorteil, wenn man sich darauf einlässt, voll in den Augenblick zu gehen. Es verlangt uns ab, uns nicht nur mit den Augen einzulassen, sondern auch mit unserer Vorstellungskraft. Für mich hat meditative Fotografie weniger damit zu tun, meinen fotografischen Blick zu trainieren, als damit, mir beizubringen, mir meiner Gefühle bewusst zu werden, wenn ich ein Bild komponiere, und sowohl zu überlegen, wie ich dieses Gefühl mit der Kamera kommunizieren kann, als auch zu entscheiden, welche Geschichten ich erzählen will. Es geht darum, zu lernen, Bilder nicht mit der Kamera, sondern mit dem Herzen aufzunehmen.

KAPITEL 2: IM MOMENT LEBEN

Genau wie Achtsamkeit ist Fotografie eine Übung im Wundern. Mit meiner Kamera in der Hand suche ich nach Eigenartigem, nach Bemerkenswertem oder Unbekanntem. Ich suche aktiv die Verwunderung – den Kitzel, den ich empfinde, wenn ich bemerke, dass das Licht *genau richtig* ist, ich ein detailliertes Schattenmuster oder ein perfekt gefallenes Blütenblatt bemerke oder eine schön verwitterte Fassade. Das sind ein paar der Szenen, die mein Herz höher schlagen lassen. Aber wir erleben alle ganz unterschiedliche Wunder – ziellos mit meiner Kamera durch die Gegend zu laufen ist meine liebste Art, um ein oder zwei Stunden zu verbringen. Danach fühle ich mich immer erfrischt und inspiriert. Zu laufen ist nicht nur eine Quelle der Inspiration für das Erzählen von Geschichten, es kann auch in sich selbst eine Art Achtsamkeit sein. Thích Nhất Hạnh nennt das »Lauf-Meditation«. Das bedeutet, »mit jedem Schritt im gegenwärtigen Moment anzukommen«.[15] Sowohl Fotografie als auch Achtsamkeit fordern uns auf, beim Gehen die Gefühle des Moments wahrzunehmen. Auf diese Art öffnen wir uns dafür, dass Wunder möglich werden.

Achtsamkeit betont die Wichtigkeit, aktiv präsent zu sein, zu versuchen, Augenblicke genau so, wie sie sind, wahrzunehmen und zu verstehen. Aber auch wenn Achtsamkeitstechniken dabei helfen können, unser Erleben von Augenblicken zu vertiefen (und dabei bessere Geschichten zu erzählen), so unterscheidet sich das Geschichtenerzählen doch von Achtsamkeit, weil es nicht ausschließlich eine Aktivität des gegenwärtigen Moments ist. Wir leben in der Gegenwart und mit Übung können wir lernen, die Erfahrungen gegenwärtiger Momente aktiv wahrzunehmen, aber das Erzählen von Geschichten nötigt uns auch, ein Bewusstsein für die Beziehungen zwischen verschiedenen Augenblicken zu kultivieren. Schnell wird die Gegenwart zur Vergangenheit und unser Ziel ist es, etwas davon als ein Andenken für uns selbst in der Zukunft festzuhalten. Wir *leben* nicht nur den Augenblick, sondern wir reflektieren ihn auch und nehmen ihn mit Worten und Bildern auf, sodass wir ihn wieder heraufbeschwören können. Geschichtenerzähler:innen weben überragende Narrative, die den einen mit dem anderen Augenblick und die eine mit der anderen Geschichte verbinden. Wir schaffen Verbindungen zwischen Ereignissen und Erfahrungen, Gefühlen und Ideen. Gedanken und Erinnerungen sind die Orte, an denen sich die Erzähler:innen von Geschichten zu Hause fühlen.

Der physische Akt, etwas aufzuschreiben, bedeutet, dass wir uns wahrscheinlicher daran erinnern werden, und dasselbe kann auch für Fotografie gelten – die Zeit, die ich mir nehme, ein Bild zu rahmen und zu komponieren, kann nicht nur auf der Speicherkarte der Kamera, sondern auch in meinem eigenen Gedächtnis eine Spur hinterlassen. Häufiger allerdings sind bei mir Momente einfach vorbei und vergessen und kehren nur in meine Erinnerung zurück, wenn ich ein loses Foto auf dem Boden einer Kiste entdecke oder die Seiten eines alten Notizbuchs durchblättere. Wörter und Fotos sind keine perfekten Medien, um Augenblicke festzuhalten, aber sie sind das Beste, was wir haben. Der Fotograf Aaron Siskind hat einmal gesagt, dass Fotografie »an die kleinen Sachen erinnert, lange nachdem du alles vergessen hast«, und ich würde behaupten, dass dasselbe für das Schreiben gilt. Ich möchte den Schattierungen des Augenblicks gegenüber bewusst sein und kleine Sachen beobachten – aber sie zu bemerken ist mir nicht genug. Der Impuls, meine Geschichten aufzusammeln, Augenblicke aufzunehmen, wie eine Elster, die sich auf glitzernde Schätze stürzt, das ist ein intrinsischer Teil dessen, wer ich bin und was mich ausmacht.

Ich erzähle die Geschichten von Momenten, an die ich mich erinnern will, aber indem ich das tue, erkenne ich an, dass es zahlreiche Momente gibt, die ich vergessen werde. Ich habe versucht, meinen Frieden mit der Unausweichlichkeit dieser vergessenen Augenblicke zu schließen, die die Autorin Sarah Manguso als »den Preis einer weitergehenden Teilhabe am Leben« nennt, »eine Kraft, die gleichgültig gegenüber der Zeit ist«.[16] Es ist natürlich für niemanden möglich, alle einzelnen Momente zusammenzustellen, aber ich kann mich dafür entscheiden, so gut wie ich kann, aufmerksam zu sein (und Wunder zu suchen und sie festzuhalten). Die Zeit geht zügig weiter, und wie viele kleine Geschichten ich auch immer erzähle, die Aufzeichnung meines Lebens wird nicht perfekt sein – und meine Sammlung von Augenblicken unvollständig. Das ist mir bewusst. Wir sind hier in den Augenblicken, an die wir uns erinnern, aber auch in den Augenblicken, die wir vergessen.

FOTOÜBUNG

Ein achtsamer Foto-Spaziergang

Ein Foto-Spaziergang bedeutet nichts anderes, als einen Spaziergang zu machen und ihn mit Fotos festzuhalten. Für diese Übung möchte ich gerne, dass du deine Kamera auf einen Spaziergang mitnimmst. Eine einfache Kamera ist die beste Wahl für einen Foto-Spaziergang, weil sie einem erlaubt, sich auf das Umranden dessen, was man sieht, zu konzentrieren, und einen nicht mit Kameraeinstellungen ablenkt. Daher schlage ich vor, dein Handy oder, falls du hast, eine Sofortbildkamera zu benutzen.

Das Wichtige ist dabei nicht, *wohin* du gehst, sondern *wie* du gehst. Wenn du eine bekannte Strecke auswählst, erlaube dir, den Spaziergang in dieser bestimmten Jahreszeit und in diesem bestimmten Licht zu erleben. Benutze beim Gehen deine Kamera, um Änderungen, die dir auffallen, festzuhalten oder Details, die dir an diesem bestimmten Tag ins Auge springen. Alternativ kannst du natürlich wählen, neue Entdeckungen zu machen, indem du irgendwo hingehst, wo du noch nie vorher warst. Wo immer du auch hingehst, versuche, deine Gedanken zur Ruhe zu bringen und dich auf die Gefühle des Moments zu konzentrieren und die Details zu beobachten, die dir im Vorbeigehen auffallen. Erinnere dich daran, nicht einfach zu schauen, sondern bewusst zu sehen. Mache Bilder von allem, was dich anspricht – nimm auf, was für dich Bedeutung hat.

Wenn du etwas mit einem Foto festhalten willst, nimm dir Zeit, zu pausieren und dich zu erden. Atme. Versuche, alle Ablenkungen um dich herum auszublenden, und konzentriere dich ausschließlich darauf, was du in diesem Rahmen siehst. Experimentiere mit dem Rahmen deines Objekts – tritt näher heran oder gehe weiter weg, positioniere dich höher oder tiefer –, bis du eine Komposition hast, die die Geschichte dessen, was dein Auge reizt, am besten erzählt. Du solltest fotografieren, was auch immer dich in dem Moment interessiert, aber falls du Inspiration brauchst, schau vielleicht mal auf die folgenden Themen:

- Zeichen, dass jemand vorbeigegangen ist
- ein Blick nach oben
- ein Blick nach unten
- Strukturen
- Verfall
- Lichtmuster
- Wachstum
- Unerwartetes

Nach innen schauen

KAPITEL 3: NACH INNEN SCHAUEN

Unsere Geschichten beginnen mit uns selbst.

Als Menschen, die Geschichten erzählen, sind wir aufmerksam gegenüber der Welt da draußen um uns herum – wir beobachten genau, hören gut zu, nehmen sorgfältig auf –, aber um unsere eigenen Geschichten zu erzählen, müssen wir auch nach innen schauen. Joan Didion schrieb in ihrem Essay *Vom Sinn, ein Notizbuch zu besitzen*, dass ein Notizbuch ihr dabei half, zu versuchen »*mich zu erinnern, was es bedeutete, ich zu sein*. Das ist immer, worum es geht«.[1] Ich habe ihre Worte über meinem Schreibtisch aufgehängt: *Erinnere dich, was es bedeutet, du selbst zu sein.* Die Worte sprechen mir aus dem Herzen, als jemand, die immer alles aufzeichnet und Notizbücher, Foto-Collagen und handgeschriebene Geschichten aufbewahrt. Wie fühle ich in diesem Moment? Wer *bin ich* in diesem Augenblick? Was bedeutet es jetzt gerade, ich zu sein? Wir schreiben Dinge auf – Erinnerungen, Schnipsel, Gedanken, Beobachtungen –, um sie in Verbindung mit unserem sich stets ändernden Selbst zu bringen. Wir nehmen auf, wer wir in dem Moment sind. In unseren Notizbüchern pressen wir unsere vergangenen Selbsts zwischen die Seiten wie durchsichtige Blumen, sodass wir zurückschauen und uns daran erinnern können, wer wir gewesen sind.

Fotos, besonders Selbstportraits, können genauso genutzt werden. Zum Beispiel ist ein Urlaubsselfie, ein lächelndes, sonnengebräuntes Gesicht vor einer wunderbaren Ansicht oder auf dem gerade bestiegenen Gipfel, von dem Impuls gesteuert, sich an das Bedürfnis, den Ort, die Erfahrung und, am wichtigsten, das Gefühl zu erinnern. Dies ist, wo ich jetzt gerade bin, dies ist, *wer* ich bin. Wir nehmen kleine Geschichten auf, um uns daran zu erinnern, wer wir sind, wo wir waren und wer wir sein wollen. Wir versuchen, unsere flüchtigen Gefühle einzufangen, die Eindrücke und sensorischen Erfahrungen eines bestimmten Moments. Wir wollen in der Lage sein, uns zu erinnern, wer wir zu einem beliebigen Moment sind.

Es war, um mich zu erinnern, wie es sich anfühlt, ich zu sein, dass ich es mir zur Gewohnheit gemacht habe, ein Selbstporträt zu knipsen, wann immer ich im Meer geschwommen bin. Die Liebe zum Draußenschwimmen liegt mir im Blut. Ich komme aus einer großen Familie abgehärteter Individuen mit einer Vorliebe, kalte Gewässer aufzusuchen und in ihnen zu schwimmen. Mein geliebter Großvater war der originale Schwimmer. Er schwamm das ganze Jahr über im Meer und war 1969 einer der Begründer des örtlichen Weihnachtsschwimmens. Als Kind und auch als junge Frau ging der Charme des Kaltwasserschwimmens komplett an mir vorbei. Ich habe viele Familien-Weihnachten am Strand gekauert und mutigeren Familienmitgliedern dabei zugeschaut, wie sie sich in die bitterkalten Wellen gestürzt haben. Ich bin oft mit meinem Großvater in den Sommermonaten geschwommen – ein leerer Strand am frühen Morgen, das Meer ein klarer, gläserner Teich –, aber ich habe mich zu seinen Lebzeiten nicht getraut, im Winter zu schwimmen, erst als ich schon erwachsen war und selbst Kinder hatte.

Der Tag nach seiner Beerdigung war der erste Dezember, ein strahlend heller Morgen. Auf den Vorschlag meiner Cousine Jasmine versammelten wir uns am Strand, um Sachen miteinander zu machen, die er in seinem Leben geliebt hatte: seine fünf Kinder, mehr als ein Dutzend Enkelkinder und andere ausgewählte Mitglieder der Familie. In den Händen eine Thermoskanne voll heißen Kaffees mit einem Schuss Brandy, schaute meine Großmutter zu, wie wir uns im Sand in unseren Badeanzügen aufstellten, umherhüpften, unsere Arme rieben und in der Eiseskälte quietschten. Mein Onkel zählte auf Null runter und wir rannten zusammen lachend und planschend ins Meer. Der Schock schnürte mir die Brust ab und quetschte die Luft aus mir raus, als mich das kalte Wasser umfing. Ich schwamm ein paar Züge in die glitzernde Sonne. Meine Haut prickelte vor Aufregung, die nah dran am Schmerz war. Trauer und Verlust verwoben sich mit der Freude und Dankbarkeit, am Leben zu sein, mit den Menschen, die ich liebe – zusammen in einem wilden Requiem.

Seit diesem Tag suche ich die kalten Wellen bei jeder sich bietenden Gelegenheit und verlange nach diesem Gefühl, wahrhaftig, bewusst am Leben zu sein. Ich habe mir beigebracht, das ganze Jahr über zu schwimmen und dem Gefühl hinterherzujagen, das meine Cousine Molly, die oft mit mir zusammen schwimmt, das »Zing« nennt. Wenn ich aus dem Wasser herauskomme und sich die prickelnde Taubheit in meinen Gliedern in freudige Erregung verwandelt, mache ich ein schnelles Bild von mir mit meinem Handy: mein Kopf und meine Schultern, hinter mir das Meer. Ich bin zumeist triefnass, meine Mascara ist leicht verschmiert, mein Haar verzottelt vom Wind, aber das macht mir nichts aus. Diese Fotos sind für niemand anderen bestimmt: Ich mache sie, um mich zu erinnern, was es bedeutet, ich zu sein – mit dem Salz, das auf meiner Haut klebt, und meinen Zehen, die noch von Wasser umspült sind. An Tagen, an denen ich frustriert bin, mich gefangen oder uninspiriert fühle, denke ich zurück an das Meer und erinnere mich an den Schock der Wellen. Ich halte mich aufrecht, indem ich auf meiner Kamera zurückblättere zu diesen Salzwasser-Selfies, die mich daran erinnern, wie frei ich mich gefühlt habe und bald auch wieder fühlen werde.

HIER BIN ICH. JETZT. IN DIESEM MOMENT.
DAS IST, WER ICH BIN.

FOTOÜBUNG

Mache Fotos, um dich an die Personen zu erinnern, die du mal gewesen bist.

Suche ein Foto aus deiner Vergangenheit, eines, das einen Augenblick eingefangen hat und mit dem du ein Gefühl verbindest. Es kann ein paar Monate oder ein paar Jahre her sein. Es kann ein Bild von dir sein oder es kann ein Bild sein, das du komponiert und aufgenommen hast. Egal, ob du vor oder hinter der Kamera gestanden hast: Wähle ein Bild, das dich daran erinnert, wer du in dem Moment warst, als der Auslöser klick gemacht hat. Überlege es dir genau. Bist du dir sicher? Wer warst du in dem Augenblick? Wo warst du? Wie hat es sich damals angefühlt, du zu sein? Wie fühlst du dich jetzt, wenn du darauf zurückblickst?

Was macht dieses Foto aus, das du replizieren könntest, um ein ähnliches Foto zu komponieren, das den heutigen Moment einfängt?

In der Menge ergeben die Erinnerungen und Augenblicke, die du entschieden hast festzuhalten, ein Bild dessen, was dein Herz anspricht. Wenn du auf sie zurückschaust, erlauben sie dir, Ereignisse neu zu betrachten, und du gewinnst ein Verständnis davon, was dir wirklich wichtig ist, und wirst dir klarer über deine Absichten. Wenn du durch die Seiten deines Logbuchs blätterst oder durch die Sammlung deiner Bilder scrollst, findest du dich selbst, nicht nur in den Selbstportraits, sondern in jedem Schnipsel deines Schreibens und in jedem Foto, das du gemacht hast. Das Verbindende bist immer du – deine Augen komponieren die Bilder, deine Hände schreiben die Wörter auf.

Ein Tagebuch zu führen ist meine Art, wie ich die Geschichten meines Lebens aufnehme und zusammenstelle, aber meine Sichtweise auf das Konzept Tagebuch ist expansiv. Für mich ist es ein Prozess, der viele Formen annehmen kann: in Notizbücher kritzeln, ein Tagebuch führen, Bilder und Andenken in einem Album zusammenstellen, Sachen online in Form eines Blogs oder Microblogs à la Instagram teilen. Ein Logbuch in was für einer Form auch immer zu teilen hat etwas damit zu tun, sich selbst gegenüber wahrhaftig zu sein: Ein Logbuch ist eine Form, sich selbst auszudrücken. Tristine Rainer, eine Expertin für das Schreiben von Tagebüchern und Memoiren rät: »Schreibe schnell, schreibe alles, bring alles mit unter, schreibe aus deinen Gefühlen heraus, schreibe aus deinem Körper heraus, akzeptiere alles, was kommt.«[2]

Genauso wie es hilft, sich seiner Gefühle bewusst zu werden, bevor du ein Foto machst, um den Augenblick wirklich zu erleben, so hilft es, sich beim Schreiben im Logbuch die Zeit zu nehmen, nach innen zu schauen und aus den Gefühlen heraus zu schreiben, um dem Schreiben zu größerer Resonanz zu verhelfen. Diese Technik kann außerdem hilfreich sein, wenn man eine kleine Geschichte für ein Publikum erzählt, also zum Beispiel in einer Social-Media-Untertitelung. Wenn du über *deine* Gefühle schreibst, schafft deine Geschichte mit Sicherheit einen Bezug zu den Gefühlen der Leser:innen.

Ich habe einmal auf Instagram das Foto eines hübschen strohgedeckten Häuschens mit diesen Worten untertitelt:

KAPITEL 3: NACH INNEN SCHAUEN

*M**ein Papa war Dachdecker. Er wusste, wie man Stroh weben kann – nicht zu Gold, sondern zu einem Dach, was ich als kleines Mädchen genauso magisch fand. Ich liebte es, ihn auf seiner Arbeit zu besuchen und ihn, einen Leiteraufstieg entfernt, hoch oben auf dem Dachfirst thronen zu sehen. Strohgedeckte Häuser wie diese Schönheit hier erinnern mich immer an diese Tage, an denen ich in meiner gelben Regenjacke dastand und nach oben zu meinem Papa blickte, der den Himmel berühren konnte.*

Das Foto an sich war einfach: ein malerisches Häuschen, das ich auf der Durchreise durch ein kleines walisisches Dorf schnell mit meinem Handy aufgenommen hatte. Ich war verblüfft von der großen Menge an positiven Kommentaren, die dieses Bild bekam. Das Häuschen war zwar liebenswert, aber was die Leute wirklich angesprochen hatte, war die Erinnerung, die es in mir ausgelöst hatte. Ich hatte eine kleine Geschichte erzählt, die von meiner kindlichen Liebe zu meinem Vater sprach und meiner Ehrfurcht gegenüber seinen Fähigkeiten. Diese Gefühle schafften eine Verbundenheit zu meinen Followern und zogen sie für einen kleinen Moment in meine Welt.

Sich nach innen und seinen Gefühlen zuzuwenden ist eine kraftvolle Technik des Geschichtenerzählens. Wenn du deine Kamera in die Hand nimmst, um ein Foto zu schießen, nimm dir einen Augenblick, um zu überlegen, wie du dich in diesem Moment fühlst. Eine Kamera ist nur ein *Werkzeug*. Das Bild kommt von dir, wird geschaffen durch die Verbindung zwischen deinem Auge und deinem Herzen. Wie du dich fühlst, bestimmt, was du siehst und aufnimmst. Wenn du dich zum Beispiel melancholisch fühlst, sprechen dich vielleicht ruhige, melancholische Szenen an – so wie Blütenblätter, die auf die Straße fallen, oder eine leere Kaffeetasse. Wenn du fröhlich bist, nimmst du das Glitzern von Sonne oder Wasser wahr. Die Emotion, die du fühlst, wenn du ein Bild erschaffst, trägt zu seiner visuellen Stimmung bei, ob du nun fröhlich, in feierlicher Stimmung, traurig oder nachdenklich bist. Es gibt eine Reihe von Elementen, die dazu beitragen, die Stimmung eines Bildes herzustellen – die Auswahl des Objekts, die Farbpalette, das Licht, die Perspektive und die Wetterbedingungen spielen alle eine Rolle. Ein Bewusstsein dafür zu haben ist zentral, um Bilder zu schaffen, die Geschichten erzählen. Wenn ich ein Foto liebe, dann spielt dabei weniger eine Rolle, dass es richtig *aussieht*, sondern vielmehr, dass es sich richtig *anfühlt*. Das Gleiche gilt für geschriebene Geschichten. Bewusster gegenüber uns selbst zu werden und wer wir in einem bestimmten Moment sind, erlaubt uns, diese Klarheit in unser Schreiben einfließen zu lassen.

Sich über den natürlichen Flow unserer Gefühle klar zu werden ist ein zentraler Schritt, um einen authentischen Prozess des Geschichtenerzählens zu entwickeln und – mit der Zeit – eine eigene Stimme. Es kann allerdings auch hilfreich sein, mit einem Prozess zu experimentieren, der ein bisschen mehr Führung bietet: eine Schreibmethode, die dir beibringt, deine Emotionen auf bewusste, kontrollierte Art und Weise zu nutzen. Diese Technik nennt sich positives Journalling und beinhaltet das bewusste Lenken positiver Emotionen und die Auseinandersetzung damit beim Schreiben. Bekannt ist zum Beispiel die Technik, ein Dankbarkeitstagebuch zu führen, etwas, was ich selbst oft mache, besonders in den Wintermonaten, wenn sich meine Positivität gerne mal verflüchtigt!

Dankbarkeit zu praktizieren hat ausführlich dokumentierte Vorteile: Ein Paper zur Wissenschaft der Dankbarkeit der Universität von Kalifornien in Berkeley berichtet, dass »Dankbarkeitspraktiken, wie zum Beispiel das Führen eines Dankbarkeitstagebuchs oder das Schreiben eines Dankbarkeitsbriefes das Glücksgefühl von Menschen und ihre allgemeine Stimmungslage anheben können«.[3] Eine Praxis der Dankbarkeit wird in Verbindung gebracht mit einem gesteigerten Allgemeinzustand: Eine Studie hat herausgefunden, dass das tägliche Erleben von Dankbarkeit eine Reihe positiver Effekte auf das Wohlbefinden hat.[4] Auf der einfachsten Ebene bedeutet das Führen eines Dankbarkeitstagebuchs, sich darüber Gedanken zu machen, wofür man dankbar ist, und das im Notizbuch festzuhalten. Dies kann eine Person, ein Objekt, ein Ort oder eine Erinnerung sein: alles, was zu Dankbarkeit führt. Es gibt verschiedene Herangehensweisen, aber täglich eine kurze Liste von fünf bis zehn Punkten zu machen, für die man dankbar ist, wird oft als ein guter Startpunkt gesehen. Mir Gedanken über Dankbarkeit zu machen, auch nur als gelegentliche Praxis, hilft mir, mein Leben bewusst zu leben und im Detail aufmerksam zu sein – und mich daran zu erinnern, dankbar zu sein. Indem ich mir die Zeit nehme, aufzuschreiben, wofür ich dankbar bin, erinnere ich mich an das, was ich liebe, und mein Gefühl von Liebe dehnt sich aus und umfasst nicht nur das Große und

Wichtige, sondern auch das winzig Kleine und scheinbar Unbedeutende. Die kleinen Geschichten des Lebens aufzugreifen kann ebenfalls als eine Art von Dankbarkeitspraxis begriffen werden. Indem ich einen Augenblick – wie klein er auch immer sein mag – als der Erinnerung wert schätze, berühre ich ihn mit Liebe.

Ein herausragendes Beispiel einer Geschichtensammlung durch die Linse einer bestimmten Emotion ist *The Book of Delights*, eine Essay-Sammlung von Ross Gay, entstanden aus dem Ansatz, jeden Tag einen Essay über etwas Freudiges zu schreiben. Er verpflichtete sich selbst, »jeden Tag über etwas Freudiges nachzudenken und darüber zu schreiben«,[5] und die daraus entstandenen Essays (die den Lesenden jeweils eine kleine Geschichte bieten) strotzen vor Wahrhaftigkeit. Ein Lied, ein Vogel, ein Filmtitel, ein lateinischer Ausdruck, ein Stück Graffiti, ein Mann in einem Café mit einem Regenschirm – alle Freuden sind der Ausgangspunkt für jeweils einen kurzen Essay, den er in unerwartete (und nicht immer freudige) Richtungen weiterentwickelt. Die Welt durch die Linse des Freudigen zu betrachten könnte leicht zuckersüß sein. Ross Gays Geschichten sind das überhaupt nicht. Er demonstriert, dass Freude Teil eines breiten Spektrums ist, welches Sorge, Frustration, Ärger und Schmerz beinhaltet. Positive Gefühle wie Freude lassen sich feiern, ohne schwierigere Gefühle zu ignorieren. Ich bin fasziniert von der Idee, dass, wenn wir uns entscheiden, positive Gefühle in unser Geschichtenerzählen zu bringen, wir das auf eine Art tun können, die unsere ganze gelebte Erfahrung authentisch ausdrückt. Freude schiebt Gefühle wie Trauer oder Angst nicht beiseite, sie existiert daneben. Wir können positive Gefühle umarmen, ohne unsere Komplexität zu verlieren.

Eine bewusste Schreibdisziplin, wie das Dankbarkeitstagebuch oder das Schreiben über Freude, ist eine Möglichkeit, oft übersehene Augenblicke kleiner Freuden aufzunehmen. Das fördert die Fähigkeit genauer Beobachtung. Wenn man sich dafür entscheidet, in seinem Geschichtenerzählen bewusst Freude zu suchen (oder eine andere positive Emotion), kann das dazu führen, dass wir mehr davon erleben. Ross Gay schreibt, dass er durch die tägliche Praxis, eine Freude festzuhalten, seinen »Freudenmuskel« trainiert hat, und erklärt, »je mehr du Freude studierst, desto mehr Freude gibt es zu studieren«.[6]

SCHREIBÜBUNG

Durch die Linse eines Gefühls

Experimentiere in deinem Logbuch damit, aus der Perspektive eines bestimmten Gefühls zu schreiben. Beginne damit, ein positives Gefühl auszusuchen (Dankbarkeit, Freude, Glück etc.), und konzentriere dich darauf, die Welt durch die Linse dieses bestimmten Gefühls zu sehen und aufzunehmen. Benutze die folgenden Stichpunkte als Hilfe:

- Achte, wenn du an dem Tag das gewählte Gefühl erlebst, auf deine Sinne und notiere, was du siehst, hörst, fühlst, schmeckst und riechst. Halte diese Sinneserfahrungen so detailreich wie möglich in deinem Logbuch fest. Kannst du deine Sinnesbeobachtungen nutzen, um die kleine Geschichte dieses Moments zu erzählen?

- Finde ein Objekt, das bei dir das positive Gefühl auslöst, das du ausgewählt hast. Ein weicher Kieselstein, den dir jemand gegeben hat, den du magst, kann zum Beispiel Glück für dich darstellen. Mache ein Foto von diesem Objekt (wenn möglich, drucke es aus und klebe es in dein Logbuch) und schreibe dessen Geschichte auf und was es für dich bedeutet.

- Erinnere dich an eine Zeit in der Vergangenheit, als du das ausgewählte positive Gefühl erlebt hast. Schreibe die Geschichte dieser Erfahrung auf.

- Wie kannst du mehr dieser positiven Erfahrung in dein Leben bringen? Wie hängt sie mit deinen Werten und Träumen zusammen? Schreibe dazu in dein Logbuch.

- Verpflichte dich, über diese positive Emotion mindestens eine Woche lang zu schreiben und nachzudenken. Schaue am Ende der Woche, ob sich deine Gefühle oder dein Schreiben in irgendeiner Art verändert haben. Fängst du an, dieses Gefühl stärker zu spüren? Vielleicht machst du diese Übung noch etwas länger weiter.

Wenn du eine oder mehrere dieser Übungen abgeschlossen hast, überlege, ob du sie nicht mit einem anderen positiven Gefühl wiederholen möchtest, um dich anzuregen oder deine Schreibpraxis über die Woche hinaus auszuweiten und in dein Schreiben und Geschichtenerzählen zu integrieren.

In seinem Buch spricht Ross Gay von TEMPORÄRER LOYALITÄT[7] (ein Ausdruck, den er in Großbuchstaben verwendet und sich auf seine Hand geschrieben hat, um sich daran zu erinnern). Dieses Konzept hat mich angezogen. Es bedeutet meiner Ansicht nach, vergänglichen Erfahrungen gegenüber loyal zu sein, ihnen also Aufmerksamkeit zu widmen, und im gegenwärtigen Moment anwesend zu sein. Das schließt ein Bewusstsein gegenüber der komplexen, nicht anhaltbaren Zeit ein und ähnelt meinen eigenen Überlegungen dazu, was es bedeutet, wirklich zu leben und Augenblicke einzufangen. Freudige Momente wahrzunehmen bedeutet, sie stärker zu erleben. Sie aufzuschreiben ist unser Versuch, sie einzufangen. (Interessanterweise wird das Wort auch manchmal als Substantiv gebraucht, um ein Foto zu beschreiben: »netter Fang«.) All unsere Fotos, all unsere kleinen Geschichten sind Versuche, Augenblicke einzufangen und für eine Sekunde lang die Zeit anzuhalten.

In ihrem Buch *Ongoingness: The End of a Diary* ist die Autorin Sarah Manguso schwer mit dem Thema Zeit beschäftigt: Sie erkennt »das erfrischende Tempo der Reise in eine Richtung, die unsere menschliche Erfahrung bestimmt«.[8] Ihr umfangreiches Tagebuchschreiben beginnt in einer Verteidigungshaltung gegenüber verpassten Momenten, aber im Laufe des Buches, besonders nach der Geburt ihres Sohnes, ändert sich ihr Erleben von Zeit. Sie beginnt, das unaufhaltbare Voranschreiten des Lebens zu akzeptieren und dass Augenblicke in Vergessenheit geraten. Niemand kann darauf hoffen, sich an alles zu erinnern oder alles aufzunehmen. Trotzdem gibt uns der Ansatz, in der Gegenwart zu leben und die bewusste Entscheidung zu treffen, ausgewählte Momente festzuhalten, die Chance, Ereignisse nicht nur aufzunehmen, sondern auch zu verändern. »Die Erfahrung ist keine Erfahrung mehr«, sagt Manguso. »Sie ist geschriebenes Wort.«[9] Auch wenn wir Zeit nicht stoppen können, wir können sie verwandeln: in geschriebenes Wort, in Bilder. Wir können sie in Geschichten verwandeln.

Das Unsichtbare oder die nicht geschätzten Teile des Lebens zu finden erfordert es, die Fähigkeit des Wahrnehmens zu kultivieren. Wie fühlst du dich? Was sagen dir deine Sinne? Was zieht deinen Blick in den Bann? Was sind die Sachen, denen *nur du* deine Aufmerksamkeit schenkst? Genau wie der »Freudenmuskel« braucht auch die Fähigkeit, Dinge wahrzunehmen, Zeit und Übung. Ich habe festgestellt, dass das Lernen, genau zu gucken und offen gegenüber der

Welt zu sein, mir erlaubt, die Wunder wertzuschätzen, die in der Schönheit des Banalen stecken. Eine Erfahrung, die Jessica Backhaus (eine deutsche Fotografin, die für ihre Leidenschaft bekannt ist, Schönheit im Alltäglichen zu finden) als ähnlich dem Entdecken einer Sternschnuppe beschreibt.[10] Die Schönheit, die wir finden, ist für jeden von uns anders: Du nimmst die Welt auf und die Dinge, die *dir* aus deinem spezifischen Blickwinkel heraus wichtig sind. Finde Gefallen an der Tatsache, dass niemand die Welt ganz genauso sieht wie du. Wahrnehmung hat etwas mit Langsam-Werden und Aufmerksam-Beobachten zu tun. Was siehst du, wenn du etwas genau studierst und dann nochmals unter die Lupe nimmst? Du schaust dich um, aber du schaust auch nach innen, du schaltest zu deiner Intuition, deinen Tagträumen, deinen Stimmungen und Gedanken.

Es gab eine Zeit, da fand ich mein eigenes Leben viel zu profan und alltäglich, als dass es irgendwelche Geschichten enthalten könnte, die der Erzählung wert sein könnten. Ich war eine junge Mutter auf Schlafentzug, mit einem Baby und einem Kleinkind. Meine Tage fühlten sich an wie ein nebliger Kreislauf aus Windeln und Milch. Irgendwelche Routinen schienen albern und ich war verloren und sah mich als jemanden, die nichts ansatzweise Interessantes zu erzählen hatte. Dann fand ich während ein paar freien Minuten – wenn die Kinder schliefen oder spät am Abend – Orte im Internet, die Frauen für sich beansprucht hatten, wo sie ihr Leben in Worten und Bildern einfingen. Das gab mir den Anstoß, genauer auf mein alltägliches Leben zu schauen, und ich lernte, die Welt mit neuen Augen zu sehen. Zum ersten Mal seit Jahren nahm ich meine Kamera wieder in die Hand und begann zaghaft, Notiz von dem zu nehmen, was mich anzog. Und begann damit eine kreative Reise, die mich mit der Zeit zurück zu mir selbst brachte. Ich verstand, dass das, was Geschichten interessant macht, nicht im Drama und in der Interaktion liegt, sondern in der Aufmerksamkeit und der Qualität der Beobachtung. All unsere Leben sind voller kleiner Geschichten und wir haben alle einen einzigartigen und bemerkenswerten Blickwinkel. Bevor wir unsere Geschichten *erzählen* können, müssen wir uns zunächst beibringen, sie wahrzunehmen.

Wenn du daran gewöhnt bist, stets Geschichten zu erzählen, die anderen gefallen (z.B. durch das Teilen auf Social Media), gönne dir, ein paar Geschichten nur für dich privat aufzuschreiben, in einem Tagebuch, das nur für dich bestimmt ist. Auch wenn ein Tage- oder Logbuch eine großartige Quelle für Ideen werden kann, die du online erzählst, ist das Tagebuchschreiben an sich eine private Angelegenheit. Ein Schaffensakt allein für dich. Eine Kommunikation mit dir selbst, die nicht durch Motivation von außen, sondern durch Erforschung und Kreativität motiviert ist.

Zu beobachten und aufzugreifen, was man selbst liebt – was einem Freude bringt –, kann einen in unerwartete Richtungen führen. Vielleicht stellst du fest, dass die Praxis dazu führt, dass du mehr Sachen erlebst, die dich glücklich machen, und dir erlaubt, unerwartete Elemente deines Lebens schätzen zu lernen. Es kann dein Verständnis davon, wer du bist, entwickeln und stärken.

Deine kleinen Geschichten aufzubewahren ist ein Akt der Selbstreflexion, eine Kultivierung deines inneren Selbst. Dies ist dein Leben und das Erzählen deiner Geschichten kann dir dabei helfen, dich besser zu verstehen. Sich die Welt genau anzuschauen und deine Antworten auf sie zu dokumentieren, erlaubt dir, deine Erlebnisse besser zu verstehen, und führt zu einer besseren Selbstwahrnehmung. Wenn du deine Geschichten aufnimmst – egal, ob mit Worten oder Fotos –, nimmst du immer auch dich selbst auf. Ich bin mir sicher, dass ich durch das Aufnehmen der Geschichten meines Lebens die einzigartige Geschichte von mir entdecken und festhalten kann. Deine Geschichte kann, genau wie meine, nicht von irgendjemand anderem wiederholt werden, weil sie einzigartig und speziell ist – du bist einzigartig und speziell –, und diese Einzigartigkeit gehört gefeiert. Nachdenklich nach innen zu schauen hilft dir dabei, besser zu verstehen, wer du bist und was du zu sagen hast – Geschichten, die nur du erzählen kannst. Indem du deine bestimmte Kombination aus Interessen, Sorgen, Fähigkeiten und Charaktereigenschaften erkennst, kannst du anfangen, aus der tiefen Quelle deiner eigenen Kreativität, aus deinem Inneren, zu schöpfen.

Während du die Bandbreite deiner Wahrnehmung täglich erweiterst, bislang Ungesehenes entdeckst, dankbar bist für Sachen, die du vorher nicht wertgeschätzt hast, und darüber nachdenkst, was du fühlst, kann es sein, dass sich Muster herausstellen. Bringen die Geschichten, mit denen du dich beschäftigst, bestimmte Themen zutage? Nach vielen Jahren, in denen ich meine eigenen kleinen Geschichten erzählt habe, habe ich festgestellt, dass mich der Lauf der Zeit

fasziniert. So vieles von dem, was mich immer wieder anzieht, ist dafür bezeichnend: der Wandel der Jahreszeiten, verfallene Gebäude, die Farbtöne analoger Fotografien, mein Spiegelbild, die sich verändernden Gesichter meiner Kinder, Fossilien, Seeglas. Herauszufinden, was es ist, das dich persönlich anzieht, kann dir helfen, genauer auf deine inneren Interessen zu schauen und Quellen der Inspiration für dein Geschichtenerzählen und deine kreative Praxis zu finden.

Während du Anregung aus der Welt um dich herum sammelst, gleichst du das aus mit der nach innen gerichteten Suche nach Bedeutung. In meinem eigenen kreativen Prozess habe ich einen nach innen gerichteten Ansatz. Ich habe angefangen, mir die Warum-Frage zu stellen. Warum zieht mich diese Pflanze an, die mit Regentropfen geschmückt aus einem Riss im Gehweg wächst? Was sagt mir das darüber, wer ich bin? Wie kann ich diese bestimmte kleine Geschichte erzählen und was für eine Rolle spielt sie in meiner größeren Geschichte? Ich entwickele ein Verständnis dafür, was mich inspiriert, die Gründe dafür und was für Muster sich daraus ergeben. Die mit Regentropfen geschmückte Pflanze erregte meine Aufmerksamkeit mit ihrem Glitzern – ein Lichtreflex auf ödem grauem Pflaster. Er fiel mir auf, weil ich immer auf Licht achte, aber auch weil das Unkraut, das sich einen Weg durch den Beton bricht, eine Art Hoffnung repräsentiert, und an diesem regnerischen Tag war Hoffnung das, was ich brauchte.

Ich möchte an dieser Stelle einige allgemeine Quellen der Inspiration teilen, die ich nutze, um meine kleinen Geschichten zu erzählen, und Vorschläge machen, wie du sie nutzen kannst, um deine eigenen Geschichten zu erzählen. Beginne deine Suche nach Inspiration mit dem Blick nach außen, entdecke, was dich anspricht und welche Geschichten dadurch angeregt werden. Aber erinnere dich daran, in deinem kreativen Prozess noch einen Schritt weiter zu gehen – schaue nach innen und frage dich nach dem *Warum*. Bringe dich zurück zu dieser Frage: Was ist der Bezug dieser kleinen Geschichte, die du erzählen willst, zu deiner eigenen einzigartigen Geschichte – *die Geschichte davon, wer du bist?*

ZUHAUSE
Mein Zuhause ist vermutlich ganz anders als dein Zuhause. Jedes ist so einzigartig, wie wir es sind, und Zuhause ist für gewöhnlich der Ort, an dem wir uns am meisten wie wir selbst fühlen. Mein Zuhause ist alt (Ende des

KAPITEL 3: NACH INNEN SCHAUEN

Jahrhunderts – über hundert Jahre), fast immer kalt, staubiger als es sein sollte und – dank meiner drei lebhaften jungen Söhne – stets chaotisch. Spielzeuge liegen herum, Bücher stapeln sich gefährlich, es gibt Körbe voller Schuhe und aussortierter Kleidung. Ich liebe das Chaos nicht, aber ich akzeptiere es und entscheide mich ausnahmslos dafür, zu schreiben statt aufzuräumen. Zu Hause kommt die Inspiration in bestimmten kleinen Ecken. In meiner winzigen Schreibstube auf dem Dachboden habe ich eine Sammlung von Fotos an der Wand über meinem Schreibtisch – Erinnerungen daran, wer ich zu unterschiedlichen Zeiten in meinem Leben war. An die Haken an meiner Wand hänge ich Sachen von meinen Spaziergängen, ein Kranz aus Silberregen oder ein Bündel Lärchenzapfen. Wie schon erzählt, liebe ich meinen Küchentisch und die Sachen, die sich da im Laufe des Tages ansammeln. Die Holztreppe ist abgewetzt – an den Rändern verblassende weiße Farbe, Macken und Narben durch Abnutzung –, aber die Treppe ist ein Ort, an dem ich oft sitze, um nachzudenken, zu lesen oder ein Foto zu machen. Genau wie die gesprungenen Fliesen im Flur erinnert mich die Treppe daran, dass schon andere Menschen vor mir in diesem Haus gelebt haben und dass ihre Geschichten Teil des Stoffes sind, aus dem dieses Haus gemacht ist, genauso wie es meine eines Tages sein werden.

Wenn man sich auf Social Media umschaut, kann man leicht den Eindruck bekommen, dass ein Zuhause heute eher anspruchsvoll als inspirierend sein soll, aber mustergültig macht einen Raum noch nicht interessant. Ich habe einige Jahre als stellvertretende Chefredakteurin für ein kreatives Wohnmagazin gearbeitet. Was mich immer am meisten angezogen hat, waren die Geschichten hinter den Objekten, deren Bilder wir veröffentlicht haben: Schätze von Flohmärkten, Reisesouvenirs, am Strand gesammelte Muscheln, Fotos geliebter Menschen, Möbel oder Stoffe, die von Familienmitgliedern vererbt wurden. Es gibt mit Sicherheit auch in deinem Zuhause Sachen, die du so oft gesehen hast, dass du sie fast schon nicht mehr wahrnimmst, und doch strotzen diese Gegenstände vor Geschichten. Wähle etwas aus, ein Objekt in deinem Zuhause, das eine besondere Bedeutung für dich hat, und schreibe dessen Geschichte auf. Schreibe aus dem Herzen und lasse zu, was immer dabei herauskommt. Nimm deine Kamera und entwirf ein paar Stillleben. Halte Ausschau nach häuslichen Vignetten wie einem Stapel Bücher auf dem Fensterbrett, einem vergessenen Schuh im Türrahmen oder einer Schale reifer Erdbeeren. Diese vergänglichen – oft unbeabsichtigten – Arrangements erzählen Geschichten von Familie, vom Herzen und von Zuhause. Achte auf das Gefühl, das diese Szenen bei dir hervorrufen, und versuche, dieses Gefühl in deinem Bild einzufangen.

DIE WELT DER NATUR

Die Natur ist für mich eine konstante Quelle der Inspiration – von den Kaurimuscheln, die kleiner als ein Fingernagel sind und die ich in einer Bucht in North Devon gefunden habe, zu der unfassbaren Weite des sich permanent verändernden Himmels über der flachen Landschaft meiner Kindheit in Suffolk. Draußen in der Natur zu sein stellt mich immer wieder her und inspiriert mich – besonders die Orte, zu denen ich immer wieder zurückkehre. Ich liebe die Birkenwälder, die wogenden Felder, die versteckten Fußpfade und die Siedlungen aus der Eisenzeit, die sich unter der Oberfläche des Landes befinden. Nichts klärt meine Gedanken so wie ein Spaziergang – oder ein Lauf – durch den Wald. Draußen in der Weite der Natur zu sein lässt meine Ideen fließen, aber es sind spezifische Details in der Natur, die mich inspirieren. Ich halte Ausschau nach den flaumigen Spiralen des *Clematis Vitalba*-Samens (auch bekannt unter dem Namen »Freude des Reisenden« oder weniger elegant, aber passend beschrieben: »Alt-Männer-Bart«). Ich kenne die Stellen, an denen die Glockenblumen wachsen, und die, wo man süß duftende wilde Kamille findet. Ich laufe neben frisch beackerten Feldern her, in denen sich viele Fossilien finden. Ich suche nach den reifen Brombeeren mit ihrem fingerfärbenden Saft.

Die Welt der Natur ist ganz unterschiedlich abhängig von den Jahreszeiten und davon, wo man sich auf der Welt befindet, aber sie ist immer voller Inspiration. Zu welcher Ecke der Natur du auch immer Zugang hast, ob es ein Park, ein Feld, ein Strand, ein Wald oder auch nur ein Blumenkasten ist, schau genau hin. Beobachte die Farben, die Struktur und die Details. Halte Ausschau nach Schätzen: eine Eichel, ein perfektes Blatt, eine winzige Blume. Nutze deine Kamera, um die Geschichte dieses Fleckchens an diesem Tag zu erzählen – die Farben, die hervorstechen, Strukturen, die dem Auge gefallen, der Himmel hoch oben und der Boden unter dir. Schau genau hin, was du vor dir siehst, und überlege, wie du dich in diesem Moment fühlst. Schreibe die Geschichte dessen, was du vor dir siehst, oder erinnere dich an eine Zeit in der Vergangenheit und schreibe eine bislang noch nicht erzählte Geschichte.

STÄDTISCHE LANDSCHAFTEN

Auch wenn ich heute in einer kleinen, ländlichen Stadt zu Hause bin, so habe ich doch fünfzehn Jahre in einer Großstadt gelebt. Meine Füße waren mit regennassen glitzernden Bürgersteigen sehr viel mehr vertraut als mit schlammigen Waldpfaden. An den Wochenenden bin ich durch unbekannte Straßen von einem zum anderen Ende der Stadt gelaufen und habe neue Ecken entdeckt – eine ansprechende Kneipe, ein verlassenes Lagergebäude, eine Brücke über den Fluss, eine merkwürdige Skulptur in Form einer Nase an der Seite eines Hauses. Wenn es Abend wurde, bin ich in einen Park gegangen, um die glitzernde Stadt zu bewundern, die sich unter mir erstreckte – die verlockenden Zeichen gelebter Leben überall um mich herum. Runde um Runde zog ich mit meinem Sohn im Kinderwagen über den viktorianischen Friedhof, wo sich Wein und Dornensträucher zwischen den vernachlässigten Gräbern emporhoben und die Engel mit Unkraut zugewachsen waren. Ich fühlte mich von der Melancholie dieses Ortes voller vergessener Geschichten angezogen.

Städte sind dynamische Orte. Es gibt immer etwas Neues zu sehen, neue Orte, an die man gehen, neue Leute, die man kennenlernen kann. Die städtische Landschaft ist ständig im Wandel. Man muss die Farbschichten an Gebäuden nicht sehen, um zu wissen, dass viele verschiedene Geschichten in ihnen wohnen. Die sich ständig ändernden Straßen sind voll davon. Blicke in der Stadt hinter die Fassaden und schreibe die Geschichten auf, die du dort findest, Geschichten davon, was die städtische Landschaft für dich bedeutet. Erkunde die Stadt als Fußgänger:in. Erforsche versteckte Ecken und suche nach kleinen Geschichten im Herzen deiner Stadt. Hab deine Kamera zur Hand, während du läufst, damit du die Strukturen, die Merkwürdigkeiten und die unerwarteten Freuden, die die Stadt bietet, einfangen kannst.

JAHRESZEITEN

Mit der Zeit merke ich, dass ich immer bewusster den Wandel der Jahreszeiten mitbekomme. Und zwar sowohl, was das Tempo betrifft, in dem die Jahre vorbeiziehen, als auch im Hinblick darauf, was die jahreszeitlichen Veränderungen bei mir bewirken. Der Frühling schenkt mir Hoffnung mit seinem Versprechen auf Veränderung und neues Leben. Der Frühling ist leuchtend: ein pures, tiefes, glühendes Grün. Frühling heißt Körbe voller wilder sternstaubweißer

KAPITEL 3: NACH INNEN SCHAUEN

Knoblauchblumen und Vogelgezwitscher. Sommer ist die Jahreszeit, nach der ich mich sehne und die immer zu schnell vorbeigeht. Sommer heißt sorgenfrei, heißt Strandtage, Wildblumenwiesen und mit nackten Armen und leeren Taschen vor die Tür zu treten. Sommer ist, wenn die Margeriten blühen und der Wind die Gerste wiegt. Herbst bedeutet Veränderung, sowohl Enden als auch neue Anfänge. Herbst heißt zurück zur Schule, Berge raschelnder Blätter und neblige Morgen. Herbst ist prachtvoll golden und verheißt schimmerndes Licht. Winter finde ich still und ruhig, Zeit für Ruhe und Winterschlaf. Winter heißt tief hängende Regenwolken und frische Schneewehen. Winter ist Dunkelheit und Absterben, mit ein bisschen Glitzer draufgesprenkelt, damit wir gut durchkommen.

Der Wandel der Jahreszeiten beeinflusst das Wetter, die Landschaft und die vorherrschende Stimmung. Jeder Jahreszeitenwechsel bringt neue Inspiration mit sich. Die Geschichte einer Jahreszeit zu erzählen ist ein nie endender Prozess, weil jede Jahreszeit anders ist, sich von Jahr zu Jahr ändert. Keine zwei Sommer sind ganz gleich und die Herausforderung liegt darin, die Geschichte der Jahreszeit, in der du dich gerade befindest, zu erzählen. Sei präzise. Schreibe über das Wetter, die Farben, die Temperatur, die Art, wie das Sonnenlicht bricht oder die Regentropfen fallen. Betrachte die Veränderungen, die die Jahreszeit in deine Welt bringt. Lasse deine Gefühle zu einem Teil der Geschichte werden, nutze die Kamera, um deine Stimmung und dein Erleben dieser bestimmten Jahreszeit festzuhalten: Schaue auf die Farbpalette und die Qualität des Lichts. Öffne dich für die Vermenschlichung der Natur. (Das ist ein literarischer Begriff für das Sehen von Emotionen in der Natur, zum Beispiel Traurigkeit in Regentropfen oder Verwirrtheit in Nebel.)

Wo auch immer wir unsere Inspiration finden, wir schauen stets auf die Geschichten in uns. Geschichtenerzählen ist ein Mittel der Kommunikation mit anderen, aber es ist auch ein Weg der Kommunikation mit dir selbst, um dein einzigartiges Selbst mit größerer Klarheit zu verstehen. Beim Studieren der Welt um dich herum, auf der Suche nach Freude und Glück, höre immer auf deine innere Stimme, die Stimme, die dir zuflüstert: *Erinnere dich, was es bedeutet, du zu sein.*

KREATIVÜBUNG

Ein Inspirations-Visionboard

Um ein Inspirations-Visionboard zu erstellen, brauchst du: ein großes Blatt Papier oder eine leere Doppelseite in deinem Logbuch, fünf bis zehn Magazine, Schere und Kleber. Alternativ kannst du die visuelle Suchmaschine Pinterest verwenden. Der Prozess, ein Visionboard zu gestalten, ist einfach: Du sammelst Bilder (und, wenn du magst, Wörter oder Satzfragmente), die dich inspirieren. Du schneidest sie aus und machst eine Collage daraus.

Visionboards können für verschiedene Zwecke genutzt werden. Das Ziel dieses Boards ist es, ein besseres Verständnis dafür zu erlangen, was dich inspiriert. Versuche, deine Auswahl so intuitiv wie möglich zu treffen. Blättere durch die Magazine (oder scrolle durch Pinterest) und reiße Bilder, Wörter oder Sätze heraus, die dich ansprechen. Mache dies ziemlich schnell, ohne groß nachzudenken. Es sollte ungefähr eine Viertelstunde dauern. Sobald du einen Stapel an Inspirationen hast, gehe ihn nochmals gründlicher durch, diesmal mit der Schere, und schneide die Bilder aus, die dich angesprochen haben. Klebe die Bilder auf die Art zusammen, die du am ansprechendsten findest. Falls du Pinterest benutzt, pinne all die Bilder an ein Board, das du Visionboard nennst. (Am besten setzt du dieses Board auf den Status privat).

Nachdem du dein Visionboard fertiggestellt hast, nimm dir ein bisschen Zeit, um über die folgenden Fragen nachzudenken. Vielleicht magst du dir die Antworten in deinem Logbuch notieren.

- Bemerkst du irgendwelche Themen, wenn du dir dein Logbuch anschaust?
- Wie fühlst du dich, wenn du dir die ausgesuchten Bilder ansiehst?
- Sind die Elemente, die du zusammengesucht hast, bereits in deinem Leben vorhanden oder sind es Dinge, zu denen du dich in der Zukunft hingezogen fühlst?
- Falls du keine Wörter in dein Visionboard aufgenommen hast: Fallen dir drei Wörter ein, die das Board, das du geschaffen hast, beschreiben?
- Gibt es eine Geschichte (oder Geschichten), die dein Visionboard über dich enthüllt? Gibt es eine Geschichte, die du erzählen oder ausbauen könntest?

Das Geheimnis der Kreativität

KAPITEL 4: DAS GEHEIMNIS DER KREATIVITÄT

Unsere inneren Stimmen sind zumeist schüchtern und still.

Es ist nicht immer einfach, das leise Flüstern unserer Gefühle, Träume und Hoffnungen zu hören, während einen das Geschrei der Außenwelt beständig ablenkt. Eine Möglichkeit, unsere Aufmerksamkeit nach innen zu lenken, besteht darin, sich der geheimnisvollen Kraft der Kreativität hinzugeben.
Sich mit seiner eigenen Kreativität zu befassen, kann einem dabei helfen, ein besseres Verständnis davon zu erlangen, wer man wirklich ist. Die Psychologin Ellen J. Langer legt nahe, dass das Verfolgen eines kreativen Unterfangens (wie Fotografie oder Schreiben) eine Methode ist, mit der man die Verbindung zu seiner eigenen inneren Stimme stärkt und ein klareres Verständnis dessen, wer man wirklich ist, gewinnt. Sie nennt diesen Prozess kreativer Selbstentdeckung »die Reise nach Hause«.[1]

Unsere Werkzeuge zum Geschichtenerzählen – Fotografie und Schreiben – sind kreative Bestrebungen und Kreativität ist zweifelsohne ein wichtiger Aspekt des Storytellings. Im Prinzip ist Kreativität ein wichtiger Aspekt des Lebens, ein Konzept, das uns gleichermaßen vertraut (von Kindestagen an sind wir auf die eine oder andere Weise kreativ) und auch fremd ist. Sie bleibt verhüllt in Mythen und Geheimnissen. Was also ist Kreativität? Der Biologe E. O. Wilson betrachtet sie in seinem Buch *The Origins of Creativity* als »die einzigartige und uns ausmachende Eigenschaft unserer Spezies« – und beschreibt sie als »die uns innewohnende Suche nach Originalität«. Unsere natürliche menschliche Faszination mit dem Neuen bedeutet, dass wir konstant das suchen und entwickeln, was frisch und anders ist, ob es jetzt Ideen, Objekte, Projekte, Herausforderungen, Information, Interaktion oder ganze Welten sind. Er legt nahe, dass wir als Menschen unsere Kreativität nach der Größe der emotionalen Reaktion, die sie hervorruft, bewerten.[2] Je kraftvoller eine kreative Arbeit ist, desto größer wird unsere emotionale Reaktion sein. In diesem Sinne ist Kreativität eine Art, uns zu verbinden, nicht nur mit unserem inneren Selbst, sondern mit denen um uns herum. Kreativität – unsere eigene und die von anderen – lehrt uns, zu *fühlen*.

Die menschliche Kreativität ist ein Prozess unendlicher Entdeckungen und Erforschungen: eine immerwährende ausdrucksstarke Suche. Wir verstehen, dass Kreativität in einem *physischen* Sinne schmuddelig ist – der farbbespritzte Arbeitskittel der Künstlerin, der tintenbesäte Schreibtisch des Schriftstellers oder die Töpferin mit Ton unter ihren Fingernägeln. Der Psychologe Scott Barry Kaufman und die wissenschaftliche Autorin Carolyn Gregoire erklären, dass Kreativität auch *neurologisch* betrachtet chaotisch ist. Kreativität hat viele Facetten – sie repräsentiert nicht eine einzelne Eigenschaft, sondern ein komplexes System an Eigenschaften. Der kreative Prozess benötigt das ganze Gehirn. Wir sind als Menschen intrinsisch chaotisch. Unsere Herzen und unser Verstand sind kompliziert und oft nicht durch Regeln oder sogar Logik geleitet. Die Natur der Kreativität reflektiert diese Unordnung und Komplexität, die der menschlichen Natur inhärent ist. Ein Teil des Geheimnisses der Kreativität liegt darin begründet, dass sie oft paradox funktioniert und unerwartete Wege einschlägt. Kaufmann und Gregoire heben hervor, dass Kreativität uns abverlangt, eine Balance zwischen solchen Widersprüchen wie Zurückgezogenheit und Kollaboration oder Spiel und Ernsthaftigkeit zu finden – Widersprüche, die,

KAPITEL 4: DAS GEHEIMNIS DER KREATIVITÄT

wie sie sagen, durch den kreativen Prozess miteinander versöhnt werden können. Der Lohn unserer kreativen Unterfangen ist am größten, wenn wir uns auf diesen *Prozess* konzentrieren – statt auf das Endresultat –, zum Beispiel, wenn wir uns am beruhigenden Rhythmus der klappernden Nadeln beim Stricken eines Schals erfreuen, bedeutet das, den Schaffensakt zu genießen, statt ihn nur als ein Mittel zu betrachten, einen warmen Hals zu bekommen. Wenn wir uns an dem kreativen Akt an sich erfreuen (und nicht nur am finalen Produkt), erleben wir ein gesteigertes kreatives Potenzial und intrinsische Motivation.[3]

In Bezug auf das Geschichtenerzählen bedeutet dies, dass wir davon profitieren, wenn wir uns erlauben, uns auszuprobieren, und wenn wir Vergnügen am kreativen Prozess, unsere Erfahrungen mithilfe von Fotos oder Texten festzuhalten, haben. Wir können das Chaos des Prozesses genießen, statt unsere Aufmerksamkeit darauf zu richten, am Ende ein hübsch aussehendes Logbuch oder einen perfekt zusammengestellten Instagram-Feed zu haben. Unsere Logbücher können und sollen chaotisch sein – genau wie unsere Leben, Herzen und Gedanken. Wir sollten uns nicht davor fürchten, traurige, negative oder nicht perfekte Augenblicke festzuhalten, und wir sollten die Unvollkommenheit des kreativen Prozesses akzeptieren. Wir sind frei zu experimentieren, wenn wir akzeptieren, dass wir unweigerlich Chaos anstellen und vielleicht auch Fehler machen werden. Ich habe festgestellt, dass mich meine eigenen kreativen Fehler (so frustrierend sie sich auch in dem Moment anfühlen mögen) oft dazu gebracht haben, zu lernen, mich zu entwickeln und in unerwartete Richtungen vorzustoßen. In den durchgestrichenen Zeilen, gekritzelten Notizen in den Randspalten und den falschen Ausschnitten oder verschwommenen Bildern stecken Leben und Wahrheit. Im Zeitalter der digitalen Fotografie können wir Bilder, die sich nicht ganz richtig anfühlen, sofort löschen, eine Möglichkeit, die uns zu einer vergeblichen Suche nach Perfektion treiben kann. Ich habe festgestellt, dass das Fotografieren auf Film ein künstlerischer Prozess ist, der das Potenzial für mehr Wahrheit hat – für Fehler und für unerwartete Erfolge. Ich habe entdeckt, dass ich in einem Stapel entwickelter Fotos oft das Foto am meisten liebe, das am wenigsten perfekt ist: das unscharfe Bild, das die Art, wie ich auf eine Szene blicke, verändert, das aus Versehen doppelt belichtete Foto oder das Lichtleck, das unerwartet die Verträumtheit eines Moments einfängt. Diese seltenen, chaotischen, nicht perfekten Bilder bedeuten mir sehr viel mehr als die Tausende perfekt fokussierter Fotos, die ich auf meinem Handy habe: Ich sehne mich nach fehlerhafter analoger Schönheit. Sie inspiriert mich und ich versuche, sie immer wieder abzurufen und neu zu schaffen.

Fehler sind ein wichtiger Teil des kreativen Prozesses und das gilt auch für den inneren Widerstand, auf den wir unweigerlich stoßen, wenn sich unsere Vorhaben problematisch anfühlen. Die Autorin Elizabeth Gilbert schreibt in ihrem Buch *Big Magic: Nimm dein Leben in die Hand und es wird dir gelingen*, dass die Momente, in denen der kreative Akt zu einem Kampf wird – wenn wir uns unsicher fühlen oder sich die kreative Arbeit zu schwer anfühlt –, dass dies tatsächlich die wichtigsten Moment überhaupt sind. Sie betrachtet diesen Kampf als »den guten, den wilden, den umwälzenden Teil«,[4] der uns – wenn wir uns da durcharbeiten – zu neuen Entdeckungen und einem größeren Verständnis unserer Selbst führen wird. Gilbert bezeichnet die Kreativität als »die Beziehung zwischen einem Menschen und den Geheimnissen der Inspiration« und Kreativität als »Kraft der Verzauberung«.[5] In ihrem TED Talk »Your Elusive Creative Genius« aus dem Jahr 2009 bemerkt sie, dass sich die Vorstellung der Inspiration als einer äußeren Kraft auf die alten Griechen und Römer zurückführen lässt, die glaubten, dass sie in der Form eines Geistes erscheint – so wie ein Schutzengel –, den die Griechen einen »Dämon« und die Römer ein »Genie« nannten.[6] Wenn die kreative Inspiration eine äußere Kraft ist, die wir willkommen heißen, aber nicht beeinflussen können, dann kommt sie zu uns als ein Segen und nicht als das Resultat eines zermürbenden inneren Kampfes. Leiden und Unglück sind nicht nötige Bedingungen für Kreativität. Ganz im Gegenteil – Kreativität kann eine Ablenkung von den Schwierigkeiten des Lebens sein, eine Quelle der Freude und Erfüllung.

Heutzutage glauben wir vielleicht nicht alle an den Besuch eines wohlwollenden Geistes, aber Kreativität bleibt weiterhin ein unvorhersehbares Geheimnis. Wenn ich mich in einem Zustand kreativer Inspiration befinde (ob es nun im Wald mit meiner Kamera in der Hand oder schreibend in meinem kleinen Dachbodenzimmer ist), gerate ich in eine Art Trance, vergesse die Zeit, vergesse zu essen, habe keine Ahnung, was um mich herum passiert, gebe die Kontrolle ab und erlaube meinen Ideen, mich zu leiten. Dieser Zustand kreativer Inspiration ist ein Beispiel für Mihaly Csikszentmihalyis Konzept des *Flows*. Wenn unsere

WIR SOLLTEN AKZEPTIEREN,
DASS KREATIVE PROZESSE AN SICH
UNPERFEKT SIND.

Aufmerksamkeit ohne Anstrengung fließt, kommen wir in einen Zustand intensiver, tiefer Konzentration. Während des *Flows* »sind alle Gedanken, Absichten, Gefühle und Sinne auf dasselbe Ziel ausgerichtet«.[7] Im Ergebnis erleben wir ein »Gefühl der Entdeckung« oder ein »kreatives Gefühl«, in einer anderen Realität gelandet zu sein. Er erklärt, dass dieser Zustand des Flows, wenn wir ihn erreichen, einen positiven Effekt auf unser Selbst hat. Durch das Erleben von Flows wird eine Person zu einem »einzigartigeren Individuum, das weniger vorhersehbar ist und über seltenere Fähigkeiten verfügt«.[8] *Flow* ist nicht nur ein befriedigender Zustand, den man genießt, sondern er hat auch darüber hinaus gehenden Nutzen. Virginia Wolf schrieb einst in ihrem Tagebuch (als sie sich mit ihrem Schreibprozess auseinandersetzte): »Der Brunnen ist voll, Ideen steigen auf [...] Es ist erstaunlich, wie die kreative Kraft sofort das ganze Universum in Ordnung bringt.«[9] Wenn wir uns inspiriert fühlen – wenn wir einen Zustand des kreativen Flows erreichen –, dann verblasst alles andere und die Welt scheint in Ordnung.

Kreativität ist ein wichtiger Teil dessen, wer wir sind, ein innewohnender Teil unserer Selbst, den wir bewusst nähren und mit dem wir in Verbindung treten müssen, wenn wir in unsere wahren Identitäten als kreative Leute schlüpfen wollen. Kreativität ist eine starke Kraft, die viel verändern kann, aber es ist auch eine Kraft, bei der wir uns dafür *entscheiden* müssen, sie zu kultivieren. Für mich bedeutet das, dass wir uns entscheiden können, ein kreatives Leben zu führen, eines, in dem wir dauerhaft eingeschaltet sind, das Geheimnis der Inspiration aufzunehmen, und wenn wir das tun, mit unvorhersehbaren Freuden belohnt werden. Wenn wir kreative Unterfangen mit Bereitwilligkeit und Eifer angehen, öffnen wir uns der Möglichkeit der Inspiration – wir können Ideen, die zu uns kommen, aufgreifen und willkommen heißen. Es ist auf jeden Fall meine Erfahrung, dass ich mich auf unerwartete Weise inspiriert fühle, wenn ich kreative Inspiration bewusst suche und glückliche Zufälle akzeptiere. Eine Idee kommt bei meinem Morgenlauf. Ich bemerke, wie das Licht auf ungewöhnliche Weise tanzt, während ich meinen jüngsten Sohn aus der Schule nach Hause begleite. Ein Absatz in einem Buch, das ich lese, springt mich an, oder ich höre das Fragment eines Dialogs im Radio, das mich auf einen komplett neuen Gedankengang bringt. Vielleicht denkst du, während du dies liest: »Na ja, aber das trifft auf mich nicht zu, ich bin nicht kreativ.« Ich verstehe das. Vor ein paar Jahren hätte ich genau dasselbe über mich gedacht. Aber ich bin hier, um dir zu sagen, dass

KAPITEL 4: DAS GEHEIMNIS DER KREATIVITÄT

du ein kreativer Mensch *bist*. Ich bin davon überzeugt, dass wir das alle sind. Wenn du mich vor zehn Jahren gefragt hättest, ob ich ein kreativer Mensch bin, hätte ich mit ziemlicher Sicherheit gelacht und gesagt: »Nein, absolut nicht.« Ich habe viele Jahre gebraucht, um ein kreatives Selbstbewusstsein zu entwickeln. Wir sind alle auf unserer eigenen kreativen Reise – aber lass mich dir ein bisschen von meiner erzählen.

Das letzte Mal, dass ich mich erinnere, aus Freude gemalt zu haben, war im Alter von sechs Jahren. Ich saß auf der Dorfwiese vor dem hübschen Häuschen in Suffolk, in dem meine Familie eine Woche verbrachte, und zeichnete eine Kirche mit ihren Steinmauern. Irgendwann danach entschied ich, dass ich nicht malen »konnte«. Das Bild auf meinem Papier passte nie zu dem Bild in meinem Kopf und daraus schloss ich, dass ich nicht kreativ war und es auch nie werden würde. Das fühlte ich trotz der fantasievollen Spiele, die ich mit meinem kleinen Bruder spielte, trotz der vielen Geschichten, die ich in mein Notizbuch kritzelte, und der Nähprojekten, an denen ich mit meiner Mutter arbeitete.

Meine nächste kreative Erfahrung, an die ich mich erinnere, war in der weiterführenden Schule. Ich war selbst überrascht, wie viel Spaß es mir machte, Textil zu studieren. Ich erfreute mich an den Farben und Strukturen, genoss das Lernen und entdeckte das Batiken mit Abschnürtechnik, Applikationen und einer Reihe weiterer Techniken. Außerhalb der Schule brachte ich mir in der Zwischenzeit das Fotografieren bei. Ich liebte meine Kamera, aber fand das Komponieren von Bildern und die Entscheidung, was ich fotografieren wollte, eine echte Herausforderung. Ich wusste nicht, wie ich es hinkriegen sollte, und für das nerdige Büchermädchen, das ich war, war das ein merkwürdiges Gefühl.

Ich brauchte Jahre, um das Konzept zu verstehen, dass man Fotos genauso mit dem Herzen wie mit dem Kopf entwickelt, und noch länger, um zu lernen, dass das Gefühl, das ein Foto vermittelt, genauso wichtig ist wie sein Aussehen. An der Uni schrieb ich mich ein, den winzigen fotografischen Darkroom zu nutzen, der ganz oben im Haus der Studentengewerkschaft versteckt war. Ich liebte die ruhige Zuflucht, den

KREATIVITÄT IST EIN ESSENZIELLER TEIL UNSERES SELBST.

leicht berauschenden beißenden Geruch der Chemikalien, die Stille und die Dunkelheit. Einmal nahm ich einen Freund die vielen Treppen mit hinauf. Von allen Leuten würde er vielleicht den Zauber verstehen, Bilder in der Fotoschale in den Blick schwimmen zu sehen, und die Freude, die glänzend schwarz-weißen Drucke auf der Wäscheleine zum Trocknen hängen zu sehen. Jahre später wurde er mein Ehemann.

Neben meiner fotografischen Entwicklungsreise fand meine Kreativität ihre Stimme im Handwerk. Ich blieb weiterhin interessiert am Nähen, und als mein Ältester ein Baby war, brachte mir meine Schwiegermutter das Stricken bei. Mehr als alles andere half mir das Stricken, den kreativen Prozess zu genießen. Die ganze Zeit hatte ich geschrieben – Tagebücher und jede Menge Notizhefte vollgekritzelt. Trotz meiner vielen kreativen Beschäftigungen kann ich nicht festmachen, wann ich begriffen habe, dass ich keine Erlaubnis brauche, um mich als eine kreative Person zu verstehen. Ich glaube, es hat sich nach und nach entwickelt. Ich kann immer noch keinen Stift so führen, dass er das Bild in meinem Kopf zähmt, aber das macht nichts. Ich kann meine Vision anders auf verschiedenste Arten ausdrücken: mit Stoff und Garn, in einem Kuchen mit Eiern und Mehl, mit einem Blumen-Arrangement aus dem Garten oder mit meinen Wörtern und Fotos. Meine kreative Reise ist in vielerlei Hinsicht am Anfang, aber ich habe endlich erkannt, dass meine Kreativität ein Teil von mir ist. Das ist ein Geschenk, das jeden Bereich meines Lebens betrifft. Ich bin ein kreativer Mensch und auf die eine oder andere Weise bin ich geboren, um zu gestalten.

Wir sind *alle* geboren, um zu gestalten. Kreativität ist kein Geschenk, das nur ein paar besondere Menschen empfangen, Kreativität ist ein der menschlichen Natur innewohnender Teil. Wir strotzen alle vor kreativem Potenzial, das nur wir selbst freischalten können. Trotz seiner geheimnisvollen Natur ist Kreativität nichts Unübliches. Sie ist ein fundamentaler Teil von uns – jede Person ist von ihrem Wesen her kreativ. Als Kind war Kreativität für uns so selbstverständlich wie Atmen. Spielen war Kommunikation, war Lernmethode und Ausdruck des eigenen Selbst. Mit Anfang zwanzig habe ich ein paar Jahre lang als Lehrerin in einer winzigen Grundschule auf dem Dorf gearbeitet – eine Erfahrung, die der

KAPITEL 4: DAS GEHEIMNIS DER KREATIVITÄT

Anfangspunkt für mein Interesse am Spiel und mein späteres Geschichtenerzählen war. Während meiner Ausbildung zur Lehrerin studierte ich den Entwicklungspsychologen Lev Vigotsky, der davon überzeugt war, dass das kindliche Spiel den Ursprung kreativer Vorstellungskraft darstellt. Kreativität beginnt mit Spielen und Spielen ist die Basis für das Erzählen von Geschichten. Wenn die jungen Kinder in meiner Klasse in kreatives Spiel vertieft waren, erlaubte es ihnen ihre Vorstellungskraft, direkt in eine Geschichte einzusteigen: Sie erzählten sie nach, übten und lebten sie. Das Erzählen von Geschichten ist ein lebenslanger kreativer Akt. Wenn wir älter werden, hören wir vielleicht auf, uns Geschichten auszudenken, aber wir hören nie auf, sie zu erzählen. Ich bin überzeugt, dass das Wiedergewinnen einer Spielfreude ein zentraler Aspekt ist, um unsere schlummernde Kreativität als Erwachsene in die Gänge zu bringen. Du hast ein unglaubliches (vermutlich nicht ausgeschöpftes) kreatives Potenzial und ich auch. Wir sind geboren, um zu gestalten, aber wir müssen lernen, uns selbst als Schaffende zu sehen. Sich dafür zu entscheiden, besonders bei kreativen Vorhaben, seine offenherzige Spielfreude zu bewahren, ist ein Weg, um anzufangen, die Schätze in sich zu enthüllen.

SCHREIBÜBUNG

Nachdenken über Kreativität

Nutze die folgenden Fragestellungen, um dir in deinem Logbuch Gedanken zu deinem persönlichen Verhältnis zur Kreativität zu machen.

- Worauf warst du als Kind neugierig?
- Worauf bist du jetzt neugierig?
- Welche Emotionen erlebst du, wenn du an Kreativität denkst?
- Was behindert deine Kreativität?
- Was setzt deine Kreativität frei?
- Welche Alltagsaktivität unternimmst du, die dir erlaubt, spielerisch zu sein?
- Was könntest du heute tun, das dir ermöglicht, deine chaotische Seite anzunehmen?
- Was wäre der positive Effekt davon, ein kreativeres Leben zu führen?

Wenn du die Übung beendet hast, nimm dir ein bisschen Zeit, über deine Antworten nachzudenken und zu überlegen, ob es einen praktischen Schritt gibt, den du als Ergebnis daraus unternehmen könntest.

Zu lernen, dem gegenwärtigen Moment mit Achtsamkeit zu begegnen – was wir uns im zweiten Kapitel angeschaut haben –, ist ebenfalls ein wichtiger Aspekt von Kreativität. Ellen J. Langer erklärt, dass achtsam zu denken uns dabei helfen kann, Hindernisse und Vorurteile gegenüber uns selbst zu überwinden, die uns davon abhalten, unser kreatives Selbst zu leben. Sie schreibt, dass »die aufmerksame Beschäftigung einer der natürlichsten kreativen Zustände ist, in denen wir uns befinden können«.[10] Achtsamkeit kann uns helfen, die Welt um uns herum klarer zu sehen – ein wichtiger Ausgangspunkt für kreative Vorhaben. Um einen Apfel zu fotografieren, ist es zum Beispiel wichtig, den Apfel zunächst zu *sehen*. Zu lernen, unser Denken zu beruhigen, kann uns dabei helfen, kreativen Fokus zu bekommen. Mit der Kreativität verhält es sich wie mit dem Erzählen von Geschichten. Wir hoffen auf eine Balance zwischen unseren inneren und äußeren Welten – wir versuchen, genau auf das zu schauen, was um uns herum passiert, und gleichzeitig gut auf unsere innere Stimme zu achten. Es gibt allerdings eine Spannung dazwischen, auf der einen Seite seine Gedanken zu beruhigen, um einen klaren Kopf zu haben, und auf der anderen Seite seinen Gedanken zu erlauben, frei umherzutreiben (während wir grübeln, Tagträume haben und vor uns hin sinnieren). Achtsamkeit kann uns Fokus geben, aber freilaufende Gedanken versorgen uns mit Inspiration. Kreativität ist in ihrer Blüte, wenn wir eine Balance zwischen den beiden finden. Die Verbindung zu unserem inneren Gedankenstrom zu stärken kann uns dabei helfen, Zugang zu unserer Kreativität zu finden. Dein kreativer Prozess nährt sich von *all* den Elementen deiner Selbst und deiner Erfahrungen: Inspiration und Motivation können aus Schwierigkeiten und aus Schmerz herrühren. Kreativität kann eine Ablenkung sein, aber sie ist nicht immer eine Zuflucht – sie kann genauso aus einem Ort der Dunkelheit wie aus einem Ort des Lichts herrühren. Es ist nicht einfach, die Geschichte eines schmerzlichen oder sogar eines herzzerreißenden Augenblicks zu erzählen, aber in der Traurigkeit einen Funken Inspiration oder Selbstausdruck zu finden hat mir über die Jahre geholfen.

KAPITEL 4: DAS GEHEIMNIS DER KREATIVITÄT

Kreativität zu kultivieren ist eine Art, zu leben. Kreativer Selbstausdruck beschränkt sich nicht darauf, Kunst zu schaffen, er kann zu einem Teil unseres tagtäglichen Lebens werden. Ein kreativer Lebensstil beinhaltet, auf Erfahrungen mit Fantasie und Offenherzigkeit zu reagieren. Wie Henri Matisse sagte, braucht Kreativität Mut. Es braucht den Mut, uns der Inspiration zu öffnen, den Mut, chaotisch zu werden, den Mut, Fehler zu machen, den Mut, zu spielen, zu lernen, in uns hineinzuschauen, die dunklen Seiten und das Licht zu sehen, und letztlich den Mut, sich verändern zu lassen. Es kann sich beängstigend anfühlen, Mut aufzubringen, aber ich schlage vor, dass wir wieder einmal damit anfangen, aufmerksam zu sein. Stelle fest, was dich interessiert, während du die Welt um dich herum beobachtest und auf die Stimme in dir drin achtest. Gibt es da eine Farbe, ein Objekt oder einen Klang, der dich besonders anzieht, ein Thema, das du recherchieren kannst, eine Frage, die du unbedingt beantworten willst, oder eine Fähigkeit, die du entwickeln möchtest? Folge diesem Funken Interesse, wie zart er auch sein mag, und schwelge in ihm. Schaue genauer hin und höre genauer zu. Nähre deine Neugier und halte Ausschau nach Zusammenhängen, nach einem Flattern vor Aufregung, nach dem Flüstern einer Geschichte. Lass dich von deiner Aufmerksamkeit führen und die Neugier wird dich lotsen.

TIPPS UND TRICKS

Ein Feuer kreativer Neugier entfachen

Falls du dich kreativ uninspiriert fühlst, probiere einen oder mehrere der unten stehenden Tricks aus, um deine Neugier zu entfachen.

- Mache eine Tagtraum-Pause: Gib dir selbst täglich fünf Minuten, um aus dem Fenster zu starren und deine Gedanken wandern zu lassen.

- Versuche eine neue kreative Disziplin: Experimentiere mit einem kreativen Ansatz, der nichts mit deinem sonstigen kreativen Tun zu tun hat. Versuche dich an Fingermalerei, Häkeln, Töpfern, Löffel schnitzen ... irgendwas, was du vorher noch nicht ausprobiert hast.

- Mache einen Spaziergang: Spazieren zu gehen ist eine altbewährte Methode, kreative Gedanken und Ideen in die Gänge zu bringen.

- Höre Musik: Besonders Instrumentalmusik inspiriert und lässt die Gedanken schweifen.

- Lege dir ein Inspirations-Scrapbook an: Manchmal kommt die Inspiration zu ungelegenen Momenten, zum Beispiel, wenn du mitten in einem anderen Projekt steckst. Wenn du dir angewöhnst, Ausschnitte aus Magazinen, Bilder, Konversationsschnipsel oder Website-Links, die deine Neugier anregen, im Scrapbook zu sammeln, kannst du zu ihnen zurückkehren, wenn du auf der Suche nach Inspiration bist.

- Gehe auf ein Abenteuer: Ob es ein neuer Pfad ist, eine Kunstgallerie oder ob du den Zug in eine unbekannte Richtung nimmst, ein Abenteuer – egal, wie klein – ist die perfekte Art, deine Neugier in Schwung zu bringen.

KAPITEL 4: DAS GEHEIMNIS DER KREATIVITÄT

Wir erreichen unser kreatives Potenzial eher, wenn wir uns der Inspiration öffnen, ohne uns davon abschrecken zu lassen, keine zu haben. Ein Teil von Kreativität besteht sicherlich darin, den unerwarteten Funken einer plötzlichen Idee aufzufangen, aber ein weiterer Teil ist Beharrlichkeit – uns dazu zu entschließen, kreative Aktivitäten anzugehen, auch wenn wir uns uninspiriert oder sogar frustriert fühlen. Wir profitieren davon, zu lernen, zu üben und uns auf den Weg der Inspiration zu machen. Für das Erzählen von Geschichten bedeutet dies, sich eine tägliche, kreative Aufgabe zur Gewohnheit zu machen. Mögliche Ideen dafür finden sich in der Challenge »Jeden Tag ein Foto« in Kapitel 1 oder in der Übung »Durch die Linse eines Gefühls«, die ich in Kapitel 3 beschreibe. Diese Übungen beinhalten, jeden Tag ein Foto zu machen oder einen Logbucheintrag zu schreiben. Indem du dich bewusst dafür entscheidest, jeden Tag eine kleine Geschichte zu schreiben, entwickelst du nicht nur deine Fähigkeiten in puncto Schreiben und Fotografie weiter, sondern du ermutigst dich auch, dich sowohl auf die Welt um dich herum als auch auf deine innere Stimme einzulassen. Wenn du Social Media nutzt, könntest du dich dafür entscheiden, in einem begrenzten Zeitraum (z.B. einem Monat) täglich eine kleine Geschichte zu posten. Wenn du dich selbst zu einer Challenge herausforderst, stupst du deine Neugier an. Das ermutigt dich, genau zu gucken und das Außergewöhnliche im Alltäglichen zu finden. An manchen Tagen fühlst du dich vielleicht einfallslos – die Geschichte, die du erzählst, kann kurz sein –, aber je mehr du dir selbst die Möglichkeit zugestehst, inspiriert sein zu können, desto mehr Einfälle wirst du haben, vielleicht auf ungewöhnlichen Wegen. Kreativität kann sich wie ein Geschenk anfühlen, aber sie hat ihre Wurzeln auch in Disziplin. Um dieses Buch zu schreiben, sitze ich jeden Tag am Schreibtisch, egal, ob ich mich inspiriert fühle oder nicht. Ich erinnere mich daran, keine Angst vor der leeren Seite zu haben, und ich widerstehe der Versuchung, an mein Handy zu gehen. Ich fordere mich auf zuzuhören und ich warte darauf, dass die Worte kommen. Egal, was die von dir ausgewählte Kunst ist, Funken der Kreativität entstehen aus dem sich beständig verschiebenden Zusammenspiel von Beharrlichkeit und Inspiration. Wir brauchen diese beiden Elemente, damit unser kreatives Selbst blühen kann. Wenn du dich darauf einlässt, deine kleinen Geschichten zu erzählen und deine eigene Kreativität zu nähren, selbst wenn es nur ein paar Minuten am Tag sind, bin ich mir sicher, dass du belohnt werden wirst. Am Ende bist du von dir selbst überrascht.

Kreativität kann mithilfe von Disziplin, aber auch aus Freude heraus entstehen – das Gestalten, nicht für ein Endprodukt, sondern für ein Gefühl der Befriedigung oder sogar der ungebremsten Freude. Kreativität kann eine Vielzahl verschiedener Formen annehmen – von Kunst über Kochen und Handwerk zu Gedichten, Tanz und Wissenschaft. Schreiben und Fotografie sind an sich schon kreative Praktiken, aber wir können sie auch nutzen, um die Geschichten unserer kreativen Projekte zu erzählen. Was auch immer deine kreative Lieblingsbeschäftigung ist – ob es Stricken, Färben, Strandgut sammeln oder Brot backen ist –, erkunde deinen kreativen Prozess, indem du die ach so kleinen Geschichten davon, was du tust und wie du es tust, aufnimmst. Dein kreativer Prozess ist nicht nur eine Quelle intrinsischer Befriedigung, er ist auch für sich genommen eine interessante Geschichte. Stell natürlich dein fertiges Produkt vor, aber zeichne auch auf, *wie* du dein Werk geschaffen hast. Für dich selbst ist es eine wertvolle Dokumentation und eine mögliche Lernaufgabe und für dein Publikum ist es ein Blick in dein kreatives Schaffen. Das faszinierende Chaos des kreativen Prozesses – das abgewickelte Garn, der Bottich mit Zwiebelschalenfarbe, die bunt durcheinandergewürfelte Schüssel mit Seeglas oder die mehlbestäubte Tischoberfläche – all das sind spannende Bilder. Ich finde, wenn man beim Stricken oder Backen ein Notizbuch zur Hand hat, erlaubt es einem nicht nur, notwendige Details wie die Anzahl der Maschen oder die Zeit, die der Teig braucht, festzuhalten, sondern ich kann dann auch andere Ideen festhalten, die mir kommen, während mein Geist durch den sanften Rhythmus der körperlichen Arbeit besänftigt ist.

FOTOÜBUNG

Ändere den Kontext, um das Außergewöhnliche im Alltäglichen festzuhalten

Die kleinen Geschichten unseres Lebens zu erzählen lässt uns *Ausschau* nach Magie halten, aber manchmal mag ich mich auch meiner Inspiration hingeben und selbst ein bisschen Magie *schaffen*. Du musst kein Photoshop benutzen, um Launiges auf dein Bild zu zaubern. Ein bisschen Planung und ein Funke Fantasie sind alles, was es braucht, um eine Geschichte zu erzählen, die das Publikum verzaubert.

Ich schaffe gerne Fotos, die die Grenze zwischen drinnen und draußen verschwimmen lassen, Bilder, die dafür sorgen, dass sich ein gewöhnlicher Augenblick besonders anfühlt. Dazu denke ich an eine einfache Szene und ändere dann ihren Kontext. Meine Lieblingsgeschichte ist das Frühstück. Ich decke einen Tisch mit einem einfachen Tischtuch, Kaffee und Croissants – so weit, so unaufregend, aber das Besondere ist, dass dieser Tisch nicht in einer Küche oder im Esszimmer steht, sondern draußen an der frischen Luft. Ich habe die Idee des Outdoor-Tischdeckens natürlich nicht erfunden – dies ist nur meine Version davon. Was ich an diesem Ansatz von kreativer Fotografie interessant finde, ist, dass sie die Zuschauenden sofort mitnimmt. Eine gewöhnliche Szene in einem ungewöhnlichen Kontext erlaubt uns, uns vorzustellen, wie es wohl wäre, sich an diesen Tisch zu setzen und einen Schluck Kaffee zu trinken. Es ist wie ein Traum und genau das haben Leute, die zufällig vorbeikamen, als ich meinen Tisch hergerichtet habe, bei mehreren Gelegenheiten beschrieben. Ein gedeckter Tisch draußen hat etwas komplett Flüchtiges – er ist so lange zur Stelle, bis der Kaffee kalt wird, und dann ist er – ohne Spur – auch schon wieder verschwunden. Jeder Moment, jede außergewöhnliche Geschichte, die ich erzähle, ist individuell und vergänglich.

Du musst jetzt nicht einen Tisch und Stühle den Berg hochschleppen (wobei, falls du es versuchen willst, wäre mein Tipp ein Klapptisch, der lässt sich leichter transportieren!), aber ich möchte, dass du dir für diese Übung einen Plan machst und ein kreatives Foto schießt, das den Kontext eines gewöhnlichen Moments verändert.

Du kannst dies ganz frei interpretieren, aber vielleicht überlegst du, die Grenzen von drinnen und draußen verschwimmen zu lassen, indem du eine Aktivität fotografierst, die normalerweise drinnen stattfindet (wie Frühstück essen, auf einem Stuhl sitzen, ins Bett gehen, ein Buch lesen, deine Zähne putzen, einen Film anschauen ...), und dann ein Foto komponierst, auf dem du diese Aktivität nach draußen verlegst. Du kannst dir natürlich auch überlegen, wie du das Draußen nach drinnen bringen kannst (dies hängt ein bisschen davon ab, wie groß deine Toleranz gegenüber Dreck ist!). Eine andere Möglichkeit besteht darin, sich selbst oder eine Freundin ins Bild zu bringen und über die Outfits eine Geschichte zu erzählen und Kontraste zu generieren, zum Beispiel, indem du ein Ballkleid auf einem Feld oder im Park trägst oder eine Regenjacke und Gummistiefel in der Wohnung. Du kannst klein anfangen, vielleicht mit einem Stapel Bücher auf der Stadtmauer oder einem Zaun auf dem Land oder indem du eine Pflanze in einem Haufen Erde auf den Küchentisch pflanzt. Nicht die Größe des Bildes ist wichtig, sondern das Ausmaß kreativer Fantasie.

Das Ziel hierbei ist es, spielerisch zu sein und Spaß zu haben – es gibt keinen richtigen oder falschen Weg, diese Art von Bild zu schaffen. Der Prozess des Planens und Herrichtens ist an sich schon ein Abenteuer. Wie bei jedem kreativen Unterfangen gibt es oft unerwartete Überraschungen (einmal fraß beispielsweise ein vorbei streunender Wolf meinen selbst gebackenen Kuchen auf), aber kreative Freiheit macht Spaß und ich blicke auf diese Fotos so liebevoll wie auf kaum andere. Natürlich sind dies Geschichten, die ich schaffe, nicht einfach nur *aufzeichne*, aber es sind Geschichten, die aus meiner ureigenen Fantasie stammen. Manchmal ist es nur ein winziger Dreh, der die Welt, wie wir sie kennen, in neuem Licht erscheinen lässt. Das ist es, was eine Geschichte – meiner Meinung nach – erzählenswert macht.

MANCHMAL IST ES NUR EIN WINZIGER
DREH, DER DIE WELT, WIE WIR
SIE KENNEN, IN NEUEM LICHT
ERSCHEINEN LÄSST.

Das Erzählen von Geschichten und Kreativität sind seit jeher miteinander verbunden. E. O. Wilson vermutet, dass das Geschichtenerzählen in der Evolution und Entwicklung von Kreativität eine wesentliche Rolle gespielt hat. Die Vorfahren unserer Art werden sich abends ums Feuer versammelt haben. Das Feuer – Licht, Wärme, Schutz, Lebensquelle – war vermutlich ein Ort, an dem Geschichten erzählt wurden. Unsere menschlichen Vorfahren waren Jäger und Sammler und so werden viele ihrer Geschichten wahrscheinlich »mythenähnliche Schilderungen tatsächlicher Jagderfahrungen« gewesen sein, die man hörte und einander immer wieder erzählte.[11] Das Erzählen von Geschichten wurde zu einer vereinenden Kraft: eine Quelle der Verbundenheit und ein wichtiges Element in der Entwicklung des menschlichen Vorstellungsvermögens. Das menschliche Gehirn hat in seiner Entwicklung immer weiter Erfahrung in Geschichten verwandelt. Heute, im 21. Jahrhundert, scheint unsere Vorstellungskraft fast grenzenlos zu sein und menschliche Kreativität ist vielfältig. In ihrer Essenz geht es bei *aller* Kreativität um das Erzählen von Geschichten. Was immer wir schaffen und wie wir es schaffen, wir erzählen dabei immer etwas von der Geschichte über uns selbst, der Geschichte dessen, wie wir fühlen, und der Geschichte davon, was es bedeutet, ein Mensch zu sein. Genau wie das Geschichtenerzählen ist auch die Kunst eine Art, nicht nur auszudrücken: *So fühlt es sich an, ich zu sein*, sondern auch: *So fühlt es sich an, am Leben zu sein*. Jeder von uns hat eine ganz eigene kreative Stimme und alles, was wir gestalten, hat einen Stil, der auf subtile Art einzigartig ist, einen Stil, der durch Übung besser und ausdrucksstärker wird. Was auch immer dein Medium ist, deine kreative Arbeit zeigt deinen bestimmten kreativen Fingerabdruck – und erzählt eine Geschichte, die nur deine ist.

Kreativität gedeiht, wenn wir sowohl der äußeren Welt als auch unserer inneren Stimme Aufmerksamkeit zollen. Eine Balance zwischen unserem inneren Selbst und dem äußeren Universum zu finden ist der Schlüssel zum Akt der Kreation. Wir brauchen Einblick in uns, um unser Inneres zu verstehen, gemischt mit Vorstellungskraft, um aufzunehmen, was darüber hinausgeht. Kreativität fordert von uns, dass wir mit Unsicherheit vertraut werden und uns nicht vor dem Unbekannten fürchten. Kreativität ist geheimnisvoll, und auch wenn wir sie nicht gänzlich verstehen, ist der kreative Prozess an sich – egal, wie unvorhersehbar und chaotisch er sein mag – genauso wichtig und heilsam wie das geschaffene

KAPITEL 4: DAS GEHEIMNIS DER KREATIVITÄT

Produkt. Wenn wir das erkennen, finden wir überall auf unserem kreativen Pfad Freude und Erfüllung. Mit seiner Kreativität in Verbindung zu treten ist eine andauernde Reise – eine Suche, die dich sowohl tief in dein Inneres als auch weit nach draußen an die Grenzen deines Verständnisses bringen kann. Kreativität enthält Elemente des Geschichtenerzählens und das Erzählen von Geschichten enthält Elemente von Kreativität.

Lass uns wieder einmal klein anfangen. *Deine* kleinen Geschichten mit Worten und Bildern zu erzählen ist ein perfekter kreativer Startpunkt. Julia Cameron, die Autorin des Buches *Der Weg des Künstlers*, schreibt: »Kunst wird durch Aufmerksamkeit geboren. Ihre Hebamme ist das Detail.«[12] In den bisherigen Kapiteln haben wir uns angeschaut, wieso es wichtig ist, aufmerksam zu sein. Ein Gespür für Fokus zu entwickeln ist nicht nur eine Achtsamkeitstechnik, es ist auch Teil des kreativen Akts und ein Schritt in Richtung kreativer *Flow*. Im Augenblick absolut präsent zu sein kann unser Geschichtenerzählen entwickeln, aber mehr noch – es erlaubt uns, Kunst zu schaffen. Im nächsten Kapitel werden wir noch näher herangehen und eins der größten Geheimnisse des Storytellings anschauen: Es versteckt sich in den Details.

Dinge anders sehen

KAPITEL 5: DINGE ANDERS SEHEN

Details sind wichtig.

Sie machen eine Geschichte lebendig. Ohne spezifische Details hat eine Geschichte keine Kraft, kein Zentrum, kein Herz. Durch Details stellen Erzählende sicher, dass ihre Geschichte Bedeutung hat. Sie verankern sie in einer spezifischen Zeit und an einem spezifischen Ort, in einem spezifischen Leben. Details verhindern, dass sich eine Geschichte formelhaft, langweilig oder vage anfühlt. Es sind die Details einer Geschichte, die uns als Lesenden erlauben, den oder die Erzähler:in zu verstehen und in Beziehung zu setzen – von Mensch zu Mensch. Die winzigen Details, die Leben – dein Leben – ausmachen, sind von Bedeutung. Sie machen dich und deine Geschichte einzigartig. Die Details deiner individuellen Existenz sind es wert, aufgezeichnet zu werden. Eins der Geheimnisse des Storytellings ist, dass sich die Wahrheit einer Geschichte an ihren Details festmacht. Damit eine Geschichte interessant ist und ihr Publikum emotional in den Bann zieht, müssen die Details stimmen. Ein einziges reizvolles Detail kann eine Geschichte verwandeln, sodass sie sich gleichzeitig relevant und zeitlos anfühlt. William Morris sagt in seiner Vorlesung *The Aims of Art*, dass »das wahre Geheimnis von Glück darin liegt, ein genuines Interesse an all den Details des täglichen Lebens zu haben«.[1] Tägliche Details können durch Kunst erhöht werden, etwas Größeres werden. Beim Erzählen stehen Details für etwas Größeres und Interessanteres, als wenn man sie einzeln betrachten würde.

Ein gut ausgewähltes Detail kann ein Objekt sein – vielleicht etwas Abgenutztes und Heißgeliebtes oder etwas Ungewöhnliches, das neu und aufregend ist. Vielleicht hat das Objekt eine persönliche Bedeutung für dich, vielleicht ist es etwas, was du gefunden oder geschenkt bekommen hast, oder es ist etwas Bekanntes, ein oft übersehenes Objekt, das für den Rhythmus deines Alltags steht. Auch Sinneseindrücke können Details sein – zum Beispiel ein Geruch, ein Klang, ein Geschmack oder eine Struktur. Die Autorin und Geschichten-Guru Bobette Buster spricht von einem Detail, das das Gefühl einer Geschichte vermitteln kann, als einem »funkelnden Detail«: wenn ein gewöhnlicher Moment oder ein Alltagsobjekt »die Essenz einer Geschichte einfängt und verkörpert«.[2] Es steht für die Wahrheit im Herzen der Geschichte. Relevante Details werden auch oft »sprechende Details« genannt (ein Begriff, der ursprünglich Tschechow zugeschrieben wird, aber den ich durch die Autorin Beth Kephart kennengelernt habe). »Sprechende Details« sind erhellend. Sie enthüllen eine große Menge in einer Einzelheit, oft mit nur wenigen Worten. Funkelnde oder sprechende Details strecken den Lesenden die Hand aus und ziehen sie tiefer in das Herz der Geschichte.

In meiner Geschichte in Kapitel 3 über das Schwimmen im Meer ist ein bedeutendes Detail die »Thermoskanne gefüllt mit heißem Kaffee und einem Schuss Brandy«, die meine gerade verwitwete Großmutter in den Händen hält, während sie uns beim Sprung in die kalten Dezemberfluten zuschaut. Die Thermoskanne ist praktisch, heißer Kaffee, der dampfend in die Tassen frierender Schwimmender gegossen werden kann, ist die beste Methode, um wieder warm zu werden – aber das Bild hat auch eine emotionale Bedeutung. Der mit einem Schuss Brandy versetzte Kaffee wärmt nicht nur den Körper. Er steht für etwas, an dem man sich in Zeiten von Trauer festhalten kann, und für Liebe, die ausgeschüttet wird. Er ist ein Balsam, den die versammelte Familie miteinander teilt, Bestärkung und Trost. Ich hoffe, dass es dazu dient, die Lesenden mit der Stärke, der Liebe und der Trauer im Kern meiner kleinen Geschichte zu verbinden.

Bedeutende Einzelheiten einzubauen, wenn wir die kleinen Geschichten aus unseren Leben erzählen, hilft uns, besondere Momente zu bewahren. Wir können sehr viel genauer über eine Erinnerung sprechen, wenn wir sie mit konkreten Details in Verbindung bringen können. Wenn du dir unsicher bist,

KAPITEL 5: DINGE ANDERS SEHEN

wie du anfangen sollst, die Geschichte eines Augenblicks zu schreiben, versuche, in deiner Erinnerung ein denkwürdiges Detail zu finden. Die Kraft deiner Geschichte rührt nicht aus dem Detail an sich, sondern aus der Wahrnehmung desselben und der Bedeutung, die dieses Detail für dich hat. Wenn du es mit ein paar gut gewählten Worten beschreibst, kann das der Anfang für deine kleine Geschichte sein. Lass dich in die Erinnerung dieses Augenblicks ziehen, schreibe so genau, wie du kannst, über das Detail und lass die Geschichte fließen. Anschauliches Schreiben ist eine Möglichkeit, Sprache zu erkunden und einen ausdrucksstarken Prosastil zu entwickeln. Es ist auch eine Methode, mit der wir einen Augenblick aus der Zeit ziehen und ihn bewahren können, als einprägsame Aufnahme einer Sinneserfahrung – das heißt, eine Sinneserfahrung, die Erinnerung auslösen kann, genau wie ein bestimmter Geruch uns zurück in eine Erinnerung ziehen kann. Wenn die Details deiner Geschichte lebendig und für dich von Bedeutung sind, dann werden sie wahrscheinlich auch bei denen, die deine Geschichte lesen, Nachhall finden.

Beschreibende Details in einer Geschichte haben eine nachweisliche Wirkung auf das Leseerlebnis. In seinem Buch *The Science of Storytelling* schreibt der Autor Will Storr über die Neurobiologie hinter dem, was passiert, wenn wir Geschichten lesen. Er schreibt, dass wir »die Geschichten, die wir lesen, erleben, indem wir halluzinierte Modelle von ihnen in unserem Kopf bauen«. Während wir lesen, bilden wir in unserem Kopf die Fantasiewelt nach, die die Autor:innen gezeichnet haben.[3] Wenn die Erzähler:innen spezifische Details genutzt haben, können wir als Lesende die Geschichte effektiver nachbauen. »Präzise und spezifische Beschreibung sorgt für präzise und spezifische Modelle«, erklärt Storr.[4] Je lebhafter also die Details, desto akkurater können sich die Lesenden unsere Geschichte in ihrem eigenen Kopf vorstellen. Anschauliche Details verbinden Erzähler:innen und Lesende und verbinden ihre inneren Welten. Allerdings wirken Details am stärksten, wenn sie sparsam gebraucht werden: Überwältige deine Leser:innen nicht mit endlosen Beschreibungen. Ein paar sprechende Details werden deine kleine Geschichte zum Singen bringen.

SCHREIBÜBUNG

Spezifische anschauliche Details

Du brauchst keine blumige oder poetische Sprache, um wichtige Details deiner Geschichte zu beschreiben. Ein paar präzise und wohlgewählte Worte reichen aus, um ein Detail für die Lesenden sichtbar zu machen. Weil wir unsere echten Geschichten erzählen, brauchen wir uns die Details nicht auszudenken, wir müssen unsere Worte nur gut wählen, um sie zu beschreiben. Auf deine Sinne zu hören ist ein guter Weg, um zu spezifischen Beschreibungen zu kommen. Konzentriere dich auf den Sinn, der für das jeweilige Detail am relevantesten ist. Wie genau roch es, klang es, schmeckte es oder fasste es sich an? Falls du beschreibst, wie es aussah: Was war sein Farbton? Was seine Struktur? Hatte es optische Macken?

Wähle ein Detail oder ein Objekt und schreibe nur ein paar Sätze dazu in dein Logbuch. Benutze deine Sinne und sei so präzise wie möglich. Manchmal hilft es, ein Objekt, das du beschreibst, mit etwas anderem zu vergleichen, um ein lebhafteres Bild zu schaffen. Dazu könntest du einen kurzen Vergleich in deine Beschreibung einbauen (ein direkter Vergleich braucht Wörter wie »so wie«). Zum Beispiel könntest du vielleicht schreiben, dass ein Apfel *so* grün war *wie* ein Grashalm oder blank *wie* ein ausgewaschener Kieselstein. Versuche, sparsam und genau zu sein im Umgang mit Worten, wenn du dein ausgewähltes Detail beschreibst, um das *Wesentliche* dessen, was du beschreibst, einzufangen.

KAPITEL 5: DINGE ANDERS SEHEN

Wir halten Details mit Wörtern fest und wir können sie mit Fotos aufnehmen. Der Fotograf Elliot Erwitt führt an, dass es in der Fotografie darum geht, »etwas Interessantes an einem alltäglichen Ort« zu finden. Er schreibt, dass Fotografie »wenig damit zu tun hat, was man sieht, und alles damit, wie man es sieht«.[5] Genau wie beim Schreiben kommt es beim Fotografieren auf die Wahrnehmung an. Eine banale Szene kann eine faszinierende Geschichte erzählen, wenn du ein kleines Detail findest, das für dich interessant ist, aus welchem Grund auch immer. Die Art, wie das Licht auf einen morgendlichen kindlichen Strubbelkopf fällt, feuchtes Konfetti, das auf dem Bürgersteig klebt, ein ramponierter Drachen, der sich in einem Baum verheddert hat – die Kamera ist ein Werkzeug, mit dem wir interessante oder berührende Details aufnehmen können, aber die Geschichten, die wir bemerken und erzählen, sind so einzigartig wie die Art, wie wir das Leben um uns herum wahrnehmen. In seinem einflussreichen Buch *Ways of Seeing* beschreibt John Berger die Wichtigkeit des Sehens, die wir als Kinder (noch bevor wir Worte haben) entwickeln. Das Sehen »bestimmt unseren Platz in der uns umgebenden Welt« und »die Art, wie wir Dinge sehen, wird davon beeinflusst, was wir wissen oder woran wir glauben«,[6] schreibt Berger. Zu sehen ist eine wesentliche Art, wie wir mit der Welt interagieren, aber was wir sehen und wie wir es sehen, hängt davon ab, wer (und wo) wir sind. Wenn wir ein Foto machen, ist unser eigener Blickwinkel dem Bild inhärent. Berger schreibt, dass »die Sichtweise des Fotografierenden in der Wahl des Objektes sichtbar wird«.[7] Wenn du ein Bild komponierst, triffst du (bewusst oder unbewusst) Entscheidungen darüber, was du in den Rahmen hinein nimmst und was du auslässt. Deine Fotos drücken deine spezielle Art, die Welt zu sehen, aus. Wenn wir uns dein Bild anschauen, sehen wir das, was du gesehen hast, wir verbinden uns mit deinem fotografischen Blick und deiner Art, zu schauen, ob dir das bewusst ist oder nicht.

Einen Weg zu entwickeln, das Interessante im Alltäglichen zu sehen, ist der Schlüssel zum Erzählen der kleinen Geschichten unseres Lebens, ob mit Wörtern, Bildern oder beidem. Die Autorin Natalie Goldberg hält »unsere Leben für so gewöhnlich wie sagenumwoben«.[8] Jedes Leben, mit seinen Routinen und Pflichten – sich anziehen, einen Bus bekommen, zur Arbeit gehen, im Regen nach Hause laufen –, ist gleichzeitig total banal als auch absolut bemerkenswert. Wir als Menschen sind unglaublich und die Details unseres Lebens sind wichtig und wert, aufgezeichnet zu werden. Einzelheiten mögen auf den ersten Blick gewöhnlich erscheinen, aber wir können lernen, sie auf eine andere Art zu betrachten. Wie können eine Art des Sehens entwickeln, die uns für das Außergewöhnliche öffnet. Um die Geschichte eines anscheinend gewöhnlichen Augenblicks zu erzählen, schlägt Goldberg vor, dass wir »zu seinem Herzen vordringen, sodass das Außergewöhnliche und das Gewöhnliche simultan vor unseren Augen aufblitzen«.[9] Details sind klein, aber reich und real. Sie enthalten etwas weit Größeres als sie selbst. Wenn wir unsere Art, zu sehen, anpassen – und versuchen, das Gewöhnliche tiefer und nachdenklicher zu betrachten –, dann sehen wir, dass sich das Leben in all seinem herrlichen, chaotischen Glanz genau in diesen Details verbirgt.

Bedingt durch die Geologie, ist die Landschaft, in der ich lebe, reich an Fossilien. Auf dem Hügel über meiner Stadt ist ein Feld, das meine Kinder »das Fossilienfeld« getauft haben, weil wir über die Jahre so viele versteinerte Muscheln und sogar – einmal – einen Ammoniten gefunden haben, während wir über den vertrauten Fußweg stapften. Meine Faszination für Fossilien stammt von meinem Vater, dessen neugierige Schatzsucheraugen ich geerbt habe. Als wir durch eine Freundin von einer bestimmten Stelle am Fluss Severn erfuhren, nahmen wir meine Eltern mit auf Erkundungstour. Der Severn ist ein ausufernder, den Gezeiten unterworfener Fluss mit einem weiten Horizont. An diesem Tag war der Fluss weit draußen und die Sonne glitzerte über den seichten Stellen. In der Ferne ließ sich schwach der Duft des Meeres vernehmen.

Als wir das Uferland entlanggingen, kletterten die Kinder über lose Steine und der Jüngste rief uns aufgeregt – er hatte einen »Zehennagel des Teufels« gefunden (eine versteinerte Austernmuschel). Unter meinen Füßen waren schwarzer Schlamm und flache Gesteinsschichten. Dort, zwischen den losen Steinen, entdeckte auch ich einen knorrig gewölbten teuflischen Zehennagel. Ich bückte mich, um ihn aufzuheben. Während ich den Boden untersuchte, geriet der steinige Schutt um meine Füße stärker in meinen Blick: Es gab viele ganz unterschiedliche Steine. Das Sonnenlicht traf auf die einzigartige Wölbung eines winzigen, spiralförmigen Ammoniten, nicht größer als mein kleiner Fingernagel.

KAPITEL 5: DINGE ANDERS SEHEN

»Schaut euch das an!«, riefen wir einer nach dem anderen, als wir die im Flussschlamm verstreuten Schätze entdeckten. Wir sammelten unsere Fundstücke auf einem flachen Treibholz: teuflische Zehennägel, Ammoniten (ganze und zerbrochene) und zweischalige Muscheln. Ich sah den Fluss jetzt mit neuem Blick – dieser Schlamm war nicht nichtssagend, sondern voller Überraschungen. Ich ging langsam und suchte aufmerksam das Ufer ab. Dann, aus dem Augenwinkel, erblickte ich ihn. Ein winziger, perfekter Stern, wie Konfetti vom Himmel gefallen. Ich nahm ihn auf und hielt ihn behutsam in meiner Hand. Ein kleines Juwel mit fünf Spitzen. Ich hatte angehalten, geschaut und war aufmerksam und dafür hatte mir der bescheidene Schlamm etwas gegeben, was mich verzauberte. Einen Segen. Einen vom Himmel gefallenen Stern.

Heute weiß ich (dank meines Geologiebuches), dass diese Sterne (von denen wir schließlich mehrere gefunden haben) Haarsterne genannt werden: kleine Querschnitte versteinerter Stämme von hundert Millionen Jahre alten Seelilien (uralte Verwandte des heutigen Seesterns und Seeigels). Keine vom Himmel gefallenen Sterne, aber deswegen nicht weniger bemerkenswert. Mein Adleraugen-Vater nahm seine fossilen Funde mit nach Hause, um sie in sein eigenes »Museum« zu bringen, und meine Kinder und ich stopften uns die Taschen mit unseren Fundstücken voll, von denen keines so wertvoll war wie meine sternenförmigen Seelilien. Schau genau hin – die Fossiliensuche hat mir das beigebracht –, nimm dir Zeit, fokussiere deinen Blick und du findest vielleicht einen echten Schatz, vielleicht sogar einen, der dort Millionen Jahre unentdeckt herumgelegen hat.

Um dir deiner eigenen Art des Sehens bewusster zu werden, überlege, was es ist, das *deinen* Blick anzieht. Wie genau schaust du dir die Welt um dich herum an? Wenn wir Schätze entdecken wollen, die gut versteckt offen vor uns liegen, müssen wir unsere Augen trainieren, sich zu fokussieren und Details zu entdecken. Die Autorin Anne Lamott erinnert uns an das Gefühl, neben einem jungen und enthusiastischen Kind entlangzulaufen, das die Welt mit ungenierter Bewunderung betrachtet. Das ist eine Erfahrung, die mir sehr vertraut ist. Ich habe klare Erinnerungen daran, neben meinen drei Söhnen als Kleinkinder zu

DETAILS SIND KLEIN,
ABER REICH UND REAL.

laufen – sie trotteten neben mir her und blieben immer wieder stehen, um ein rotes Blatt zu untersuchen und aufzujuchzen. Eine kleine Schnecke! Ein lustiger Stein! Der Himmel in einer Pfütze! Die kindliche Art, zu sehen, die so anders ist als der Blickwinkel von Erwachsenen, wieder zu erleben, kann uns dazu bringen, die Welt um uns herum neu wahrzunehmen und unseren Blick zu verändern. Lamott schlägt vor, dass wir Wundern gegenüber eine ähnliche Offenheit einnehmen sollten: »offen und ehrfürchtig« schauen, während wir uns durch den Tag bewegen. Sie schreibt vom »Rausch der Aufmerksamkeit«.[10] Im Zentrum dieser Aufmerksamkeitsübung steht ein Gefühl, neu zu sehen – die Welt wie zum ersten Mal durch frische Augen zu sehen. Was würde passieren, wenn du, und sei es nur für eine Stunde, eine Haltung kindlicher Verwunderung annimmst und dich von der Welt immer wieder neu überraschen – vielleicht sogar erfreuen – lässt?

Was sucht deinen Blick und lässt dein Herz singen? Deine Art, zu sehen, ist ein individuelles Produkt dessen, was du weißt, woran du glaubst und wer du bist. Sie ist völlig einzigartig, genau wie deine daraus resultierende Erzählstimme. Frage dich: Was sind die Sachen, die nur ich sehe, die kleinen Geschichten, die nur ich erzählen will? Dies könnte eine gute Gelegenheit für einen Spaziergang sein – vielleicht hast du Lust, nochmals die Übung »Achtsamer Foto-Spaziergang« aus Kapitel 2 anzuschauen. Wunder in etwas zu entdecken, an dem andere gedankenlos vorbeilaufen, kann bei dir das Gefühl auslösen, ein beeindruckendes Geheimnis entdeckt zu haben. Oft finde ich die kleinen Geschichten, die mich interessieren, wenn ich abseits des Offensichtlichen schaue. Ich interessiere mich zum Beispiel nicht so sehr für die Hauptfassade eines Gebäudes, sondern mehr für das winzige, angeknackste Fenster an der Seite des Nebengebäudes. Ich schaue nach Fundobjekten wie Spielkarten (findet man häufiger, als man denken würde), Handschuhen oder fallen gelassenen Einkaufslisten. Ich bemerke das Weggeworfene, das Übersehene und Überwachsene und ich suche immer nach unerwarteter Poesie. Wie Roald Dahl einst schrieb: »Betrachte die ganze Welt um dich herum mit glänzenden Augen, denn die größten Geheimnisse verstecken sich immer an den unwahrscheinlichsten Orten.«[11]

TIPPS UND TRICKS

Glückliche Zufälle beim Schopfe packen

Sich für Wunder zu öffnen beinhaltet unter anderem die bewusste Entscheidung, Unerwartetes zu genießen und glückliche Zufälle beim Schopfe zu packen. Es geht dabei nicht um das Finden eines Geldscheins (auch wenn das natürlich ebenfalls nett ist). Im Kontext des Erzählens kleiner Geschichten bedeutet es, auf Dinge zu stoßen, die interessant sind, und zwar für dich allein. Kleine Entdeckungen, die eine bestimmte Assoziation oder Erinnerung wachrufen, die zu einem Gefühl führen, die dich an eine Person, einen Ort oder eine Erfahrung erinnern. Glückliche Zufälle lassen sich nicht planen, aber wenn sie auftreten, fühlen sie sich wie ein Geschenk des Universums an. Wenn wir mit gesenktem Blick – oder an unseren Handys klebend – durch die Gegend eilen, verpassen wir diese unerwarteten Geschenke leicht. Die Entscheidung, anwesender zu sein, öffnet uns für zufällige Entdeckungen, worin auch immer diese bestehen mögen. Für mich ist es vielleicht ein herzförmiger Stein, vereinzelte gelbe Ginkgo-Blätter auf dem Bürgersteig, ein verblassender Hortensienbusch, ein alter Holzstuhl mit Schild »Geschenk an ein gutes Zuhause«, eine Feder, ein paar Zeilen eines Gedichts an der Wand. Für dich wird es ohne Zweifel etwas anderes sein. Was immer für dich glückliche Zufälle sind, umschlinge sie, wenn sie passieren, und überlege, ob du ihre Geschichte mit einem Foto oder ein paar Sätzen festhalten willst.

Im Gegensatz zu dem, was wir auf Social Media sehen, hat das Erzählen kleiner Geschichten nichts damit zu tun, perfekte Leben zu präsentieren. Ganz im Gegenteil. Perfektion hat selten eine interessante Geschichte zu erzählen. Das Leben ist chaotisch und unperfekt und als Menschen, die Geschichten erzählen, sollten wir das wohlwollend sehen. Chaos (ob physisch oder emotional) ist nichts, wofür man sich schämen sollte. Es ist das Zeug des Lebens – eine Anhäufung all dessen, was uns zu denen macht, die wir sind, und es gehört zum Menschsein dazu. Wenn wir das so sehen, kann Chaos wunderschön sein. Als Erzähler:innen versuchen wir, diese komplizierte, unvollkommene, wahrhaftige Schönheit zu erkennen. Unsere Geschichten reflektieren unser Leben – sowohl in Bezug auf unsere Themen als auch in Bezug auf den kreativen Prozess. Kleine Geschichten zu erzählen ist etwas, was *du* für *dich* machst. Das Leben ist nicht perfekt, also erwarte auch nicht, dass dein Logbuch es ist. Gib dir die Freiheit, zu schreiben, ohne dich zu beurteilen, und zu schaffen, ohne dich einzuschränken. Wenn dein Logbuch auch nur in etwa wie meines aussieht, dann gibt es Seiten mit Gekritzel und Durchgestrichenem, Tintenflecken und vielleicht sogar Tränen. Genauso gehört deine Kamerarolle dir allein und sie ist ein hervorragender Ort zum Experimentieren. Ob du sie mit Bildern deiner Füße, von Fahrrädern, dem Blick aus deinem Fenster, Blumen oder Straßenschildern füllst, es ist allein deine Wahl. Es ist auch deine Entscheidung, was du zeigst und was du für dich selbst behältst – du schuldest niemandem deine Geschichten oder deine Verletzlichkeit. Aber, und sei es auch nur auf den Seiten deines Logbuchs, versuche, das wunderschöne Durcheinander zu umarmen – es ist ein Teil von dir, die Quelle deiner einzigartigen Stimme und der Ort, an dem all deine kleinen Geschichten beginnen.

Ich habe mit der Zeit festgestellt, dass der kreative Akt des Geschichtenerzählens mit Worten und Bildern die Art, wie ich die Welt sehe, verändert hat. Ich sehe die Welt um mich herum, als ob ich ein Foto machen würde (als ob ich mit dem Auge einer Fotografin schauen würde), oder mit dem Blick einer Schriftstellerin, die aufschreibt, was sie beobachtet. Meine eigene kreative Praxis hat mir geholfen, herauszukristallisieren, wie ich die Welt sehe. Und ich glaube, dass sie auch aktiv dazu beigetragen hat, die Art, wie ich die Welt sehe, zu verändern. Ich habe festgestellt, dass ich jetzt viel gründlicher auf Details achte – Details des täglichen Lebens, der Natur, der Jahreszeiten und der Welt um mich herum. Ich bin mir meiner unmittelbaren Umgebung viel bewusster und beim kleinsten

KAPITEL 5: DINGE ANDERS SEHEN

Hinweis eingestimmt auf eine Geschichte. Es hat mich interessiert, wie das anderen Kreativen geht, daher habe ich ein paar Autor:innen und Fotograf:innen zu ihrem eigenen Sehen befragt, um herauszufinden, welche Elemente des Alltags ihr Schreiben oder ihre Fotografie inspirieren und was das Konzept, mit den Augen eines Schriftstellers oder einer Fotografin zu schauen, für sie bedeutet.

Die Fotografin Polly erklärte, dass alltägliche Details für ihre Fotografie zentral seien: »Es ist nicht so, dass ich mich unbedingt zu den Details, die ich fotografiere, hingezogen fühle«, schreibt sie. »Es ist eher so, dass sie meine einzigen Optionen sind. Ich versuche immer, das Gefühl der Sehnsucht vorwegzunehmen. Wenn ich mir alte Fotos anschaue, achte ich am liebsten auf die kleinen Sachen im Hintergrund – Sachen, die man normalerweise verstecken würde: Wäschestapel, Tassen, die darauf warten, abgewaschen zu werden, Schmuckstücke, die sich mit der Zeit verändert haben. Ich versuche immer, das Alltägliche zu bemerken, weil es uns so viele Schichten unserer Erinnerung abrufen lässt. Ich mag Fotografie, weil sie etwas Sofortiges hat. Wenn man ein Bild druckt, wird es zu einer körperlichen Sache, die du in den Händen halten kannst. Es hat eine Greifbarkeit – die Übersetzung von Erinnerung in eine reale Sache.«

Sich die Zeit zu nehmen, das Profane zu bemerken, ist ein wesentliches Element alltäglichen Geschichtenerzählens. Wie Polly sagt, die täglichen Details des Zuhauses (Objekte, die wir oft übersehen und für selbstverständlich halten) werden eines Tages zu Behältern der Erinnerung, die unser Gefühl von Nostalgie inspirieren. Ich bewundere seit Langem den wahrhaftigen Realismus von Pollys Fotografie und ihre überraschende Fähigkeit, Familienleben in Kunst zu verwandeln. Ihr wunderschöner Satz von *der Übersetzung von Erinnerung in ein wahres Ding* ist meines Erachtens das beste Argument dafür, sich die Zeit zu nehmen, seine Bilder auszudrucken. Für mich ist die Greifbarkeit eines Print-Fotos eine reale und erreichbare Form von Magie.

Die Fotografin Jo Yee schrieb: »Meine Lieblingszeit am Tag ist am Morgen, wenn es noch dunkel ist, aber langsam ein Schimmer Licht auftaucht. Der Kessel ist aufgesetzt und in ein paar Minuten wird das Versprechen von Kaffee eingelöst werden. Die Stille des frühen Morgens zieht mich an. Es ist dunkel, aber voller Trost und Hoffnung. Meine Fotografie ist von derselben Art.«

Sie erzählt, dass für sie der gute fotografische Blick über das Erkennen, was eine gute Komposition ist, hinausgeht. »Es geht darum, das Potenzial im Normalen oder Profanen zu sehen, das die Betrachter anspricht.« Interessanterweise nutzt Jo ebenfalls das Wort »profan«, um eine Quelle fotografischen Potenzials zu beschreiben: ein alltägliches Erlebnis, das die Betrachtenden dazu bringt, etwas zu fühlen oder zu verstehen, eine Verbindung mit dem Foto zu schmieden. Wir alle können die Szene, die Jo beschreibt, visualisieren: die Stille des frühen Morgens, der dampfende Kessel/Wasserkocher und das Tageslicht, das nach und nach erscheint. Diese tröstenden und hoffnungsvollen Elemente des Alltags spiegeln sich in Jos Fotografie wider.

Die Fotografin Dominique St.-Germain, die in Haiti zu Hause ist, schrieb, dass sie »überall in allem nach Schönheit sucht«. Sie schießt ihre narrativen Selbstportraits oft draußen. Die Landschaft ist ein Teil der Geschichte, die sie erzählt, und sie sagt, dass »jede Ecke der Natur, jede unperfekte Kurve meiner Umgebung etwas ist, was mein Herz öffnet für das, was das Universum uns anbietet«. Sie sieht ihren fotografischen Blick als »echten Segen«, weil er sie dazu bringt, »ganze mikro-ästhetische Universen innerhalb unserer Umgebung zu entdecken«. Ich identifiziere mich damit, weil ich die Natur ebenfalls als Quelle unendlicher faszinierender Details empfinde. Jede Landschaft bietet immer die Möglichkeit, näher und noch näher heranzuzoomen: die Möglichkeit, uns in Farben, Mustern oder den Feinheiten des Pflanzen- und Insektenlebens zu verlieren.

Lernen wir durch die fotografische Praxis, die Welt auf eine bestimmte Art zu sehen, oder treibt es uns zur Fotografie aufgrund unserer Art, zu sehen? Es hat mich interessiert zu erfahren, ob sich Fotograf:innen von der Fotografie als Medium angezogen fühlten, weil sie ihre natürliche Vorliebe für eine bestimmte Art des Sehens reflektiert. Es könnte allerdings auch sein, dass der Impuls, der sie vereint, ihre Lust ist, Geschichten zu erzählen. Polly Alderton schrieb, dass »das Bildermachen eine Möglichkeit ist, meine Erfahrungen zu kristallisieren, einen Beweis für das, was ist oder war, zu bekommen«. Fotos zu machen ist eine Form, sich kreativ auszudrücken. Es ist eine Möglichkeit, Erfahrungen festzuhalten, Augenblicke einzufangen und Erinnerungen zu physischer Realität werden zu lassen. Zeichnen und Schreiben sind weitere Wege, ein ähnliches Ziel zu erreichen.

Die Romanautorin Rachel Edwards beschreibt die Alltagsdetails, die ihre Kreativität anregen: »Diese plötzlichen Blitze von Freude oder Irritation – alles, was eine starke Emotion hervorruft, eine Nachrichtenmeldung, die mich aufsitzen oder stöhnen lässt, ein unvergessliches Essen oder ein Geschmack, der eine Proustsche Rückbesinnung auslöst, ein zufälliger Kommentar eines geliebten Menschen, ein einzelner Takt Musik oder ein Bild, das mich aufrüttelt.« Sie erklärt, dass »Autorin zu sein immer heißt, nach Bedeutung zu suchen. Schreiben ist ein Privileg. Es erlaubt dir, deine Beobachtungen von Leben und Leuten zu verarbeiten, zu versuchen, aus dem, was dir wichtig ist, eine Geschichte zu machen, die andere auf Anhieb verstehen – was du inständig hoffst.« Für Schreibende, egal, ob Romanautor:innen, Biograf:innen oder uns, mit unseren kleinen Geschichten, ist das Ziel Verbundenheit. Bedeutung im Leben zu suchen, sie dann zusammenzufassen und diese Bedeutung auszudrücken, sodass sie an andere kommuniziert werden kann, ist das Streben von Schreibenden. Die Autorin Shirley Jackson schrieb einst, dass Autor:innen alles »durch einen dünnen Nebel an Worten«[12] sehen – wir nehmen Dinge war und in unseren Gedanken versuchen wir sie zu beschreiben, egal, ob wir einen Stift in der Hand haben oder nicht. Alle Geschichten, ob klein oder groß, nehmen etwas, was dem Erzählenden wichtig ist, als Anfangspunkt und versuchen es dann so zu kommunizieren, dass es die Lesenden mit an Bord holt. Das Blitzlicht der kreativen Inspiration in einem alltäglichen Augenblick zu spüren gibt uns einen Anfangspunkt für eine kleine Geschichte.

Die Biografin Eliska Tanzer beschreibt die Suche der Schriftstellerin nach Bedeutung folgendermaßen: »Ich suche nach Subtilität oder den versteckten Bedeutungen hinter manchen Dingen.« Autor:innen verbessern ihre Fähigkeit, unter die Oberfläche von Augenblicken oder Ereignissen zu schauen und nach tieferer Bedeutung und versteckten Geschichten zu suchen. Die Romanautorin Emma Christie sagt: »Ich liebe es zuzuhören, wie die Leute sprechen und sich anderen gegenüber präsentieren – ob Taxifahrer:in, Klient:innen, Familie oder dem Kollegenkreis – und was sie wirklich versuchen, dir zu sagen. Ich habe eine Ausbildung zur Nachrichtenreporterin gemacht, bin also dafür ausgebildet, zuzuhören, und oft liegt die wirkliche Geschichte unter der, die die Leute dir erzählen.« Schreiben, ob Fiktion oder Biografie, hat mit Zuhören und der Suche nach der *echten Geschichte* zu tun, der Geschichte mit dem emotionalen Nachhall,

KAPITEL 5: DINGE ANDERS SEHEN

der Geschichte, die eine Verbindung zu den Lesenden herstellen kann. Beim Reflektieren der Geschichten unseres eigenen Lebens können wir vielleicht auch lernen, ein bisschen tiefer zu graben und nicht nur die Ereignisse, die uns unmittelbar ins Hirn schießen, zu bemerken, sondern auch die Geschichten, die sich vielleicht unter der Oberfläche verstecken – die tiefere Bedeutung. Emma schreibt, dass »wir alle Geschichtenerzählende sind und als Autor:in kann ich eine Menge lernen, indem ich einfach den Leben gewöhnlicher Leute gegenüber aufmerksam bin«. Wieder einmal werden wir an die Bedeutsamkeit von Aufmerksamkeit erinnert – Beobachtung ist essenziell bei der Suche nach Bedeutung, dem zentralen Anliegen der schriftstellerischen Kunst. Wir (die Tagebuch und kleine Geschichten Schreibenden) sind ebenfalls Erzählende und wir können eine Menge davon lernen, unseren gewöhnlichen Leben Aufmerksamkeit zu schenken.

Während ich jetzt schreibe, bemerke ich, wie in der Abenddämmerung Regentropfen am Fensterrahmen herunterlaufen. Sie glitzern im letzten Tageslicht, laufen durcheinander und umeinander herum in einem sanften, gleitenden Tanz. Es ist das Ende eines absolut gewöhnlichen Dienstagnachmittags im Winter. Der Himmel über meinem Fenster ist düster, grau und komplett unscheinbar, aber dieser Tanz der Regentropfen, obwohl banal, hat etwas merkwürdig Bezauberndes für mich. Die Regentropfen, die die Scheibe runtergleiten, erzählen mir von der unerwarteten Poesie des Lebens – eine Manifestation des Rauschs der Aufmerksamkeit. Regentropfen sind ein winziges, leicht zu übersehendes Detail, das für mich eine Geschichte zu erzählen hat – ein magisches Blitzlicht im Alltag. Ich habe auf meinem Fenster schon Hunderte Male vorher Regentropfen gesehen und ich werde sie (hoffentlich) noch Hunderte Male sehen, aber an diesem bestimmten Tag ziehen sie mich an und ich finde sie der Aufzeichnung wert. Wenn du deine kleinen Geschichten erzählst, wisse, dass den Einzelheiten gegenüber wahrhaftig zu sein eine Art ist, sich selbst gegenüber aufrichtig zu sein. Deine einmalige Art, zu sehen, spiegelt sich sowohl in den spezifischen Aspekten, zu denen du dich hingezogen fühlst, als auch in deiner einzigartigen Erzählstimme wider. Das Aufleuchten des Außergewöhnlichen im Gewöhnlichen ist oft flüchtig. Augenblicke ziehen vorbei, der Himmel hat sich in ein Dunkelblau verwandelt und die Regentropfen sind aus meinem Blick verschwunden, aber hier auf dieser Seite sind sie geblieben.

FOTOÜBUNG

Ein Licht-Tagebuch

Eine Möglichkeit, mit den Augen einer Fotografin zu schauen, besteht darin, aktiv Licht wahrzunehmen. Ein Blick für Licht ist für Fotograf:innen fast so etwas wie ein sechster Sinn – und es kann eine wunderbare Besessenheit werden. Das Funkeln der goldenen Stunde, der Schimmer der Dämmerung, die tanzenden Strahlen an der Küchenwand: Perfektes Licht ist – wenn du es findest – so aufregend, verlockend und süchtig machend wie eine Droge. Meine Kinder (stets geduldige Foto-Subjekte) hören mich oft rufen: »Kannst du mal kurz kommen? Für ein Bild? Hier ist grade ein hübsches Fleckchen Licht.«

Das beste Licht für Fotos ist fast immer natürliches Tageslicht. Als Fotografierende können wir das Licht nicht kontrollieren, aber wir können lernen, es vorteilhaft in unseren Bildern zu verwenden. Es geht darum, darauf zu achten, wie wir das verfügbare Licht nutzen können, um eine Geschichte zu erzählen, die das Subjekt des Bildes hervorhebt. Unser Lernen, wie man das Licht nutzt, beginnt damit, es zu *sehen* – es in all seinen Erscheinungen zu bemerken, zu beobachten und sich seinem verführerischen Charme hinzugeben.

Ob du deine Kamera zur Hand hast oder nicht, versuche dich selbst zu trainieren, Licht zu denken, während du durch den Tag gehst. Frage dich: Woher kommt das Licht jetzt? Ist es strahlend oder bedeckt, voll oder gefleckt, wolkensanft oder sonnenhart? Was macht es? Wie verändert es sich? Wenn du beginnst, das Licht richtig wahrzunehmen, wirst du feststellen, dass oft, wenn es ums Fotografieren geht, das Licht die Geschichte ist.

Für diese Aufgabe bitte ich dich, ein fotografisches Licht-Tagebuch zu führen – eine Licht-Sammlung sozusagen. Versuche, in der nächsten Woche so viele verschiedene Arten von Licht zu beobachten und zu fotografieren, wie du kannst. Versuche, ein Bild mit hellem Sonnenlicht einzufangen, das sanfte Licht einer Wolkendecke, das funkelnde Licht der goldenen Stunde (die Stunde vor Sonnenuntergang oder nach Sonnenaufgang). Beobachte, wie das Licht an den Wänden deines Zuhauses entlangzieht und fotografiere seine Muster. Suche das sanfte fleckige Licht im Schatten eines Baums und die ganze Kraft der Mittagssonne. Schau, wie das Licht von den Wänden abprallt, den Türrahmen herunterfließt und durch Glas streut. Sammle so viele verschiedene Lichtbeispiele, wie du kannst.

Schaue am Ende der Woche durch deine Bilder und frage dich, was für ein Gefühl sie bei dir auslösen. Welche Geschichten erzählt das Licht? Hast du Lichtpunkte entdeckt oder Lichtarten, die du besonders liebst? Wie könntest du das Licht nutzen, um deine kleinen Geschichten zu erzählen? Vielleicht geht es dir so wie mir, deine Suche nach Licht dauert an und deine Licht-Sammlung wächst immer weiter. Ich weiß, dass meine Liebe zum Licht für immer ein Teil meiner Selbst und meines Sehens sein wird.

Finde deine kreative Stimme

KAPITEL 6: FINDE DEINE KREATIVE STIMME

Was deine Geschichte besonders macht, ist die Art, wie du sie erzählst.

Deine Stimme ist so einzigartig und unauslöschbar wie dein Fingerabdruck und sie ist ein unverkennbarer Teil deines Selbst. So wie deine Sprechstimme, die für Personen, die dich kennen, sofort erkennbar ist, kann es auch mit deiner kreativen Stimme sein – ob geschrieben oder visuell. Mit der Zeit entwickelst du einen Ton, der dir eigen ist, der deinen Charakter, deine persönlichen Qualitäten und auch deinen individuellen Stil vermittelt. Diese authentische und beständige Stimme zu entwickeln braucht Übung und man muss lernen zuzuhören. In ihrer Eröffnungsrede an der Harvard Universität betonte Oprah Winfrey 2013, wie wichtig es ist, der »kleinen, leisen Stimme« in sich zuzuhören, um »herauszufinden, was einen lebendig macht«.[1] Dies sei der Schlüssel, um glücklich und erfolgreich zu werden und etwas in der Welt zu bewegen, erklärte sie ihrem Publikum. In den letzten Kapiteln haben wir uns angeschaut, wie man sich dieser leisen, kleinen inneren Stimme nähern kann. Es ist an der Zeit, dieser Stimme – uns selbst – eine Frage zu stellen: *Was lässt mich lebendig werden?*

Die Geschichten, die du auswählst, und die Augenblicke, für die du dich entscheidest, sind ein Spiegel dessen, was du interessant und beeindruckend findest. Als Erzählende – als Menschen – sind wir Ergebnisse unserer Obsessionen, worin die auch immer bestehen mögen. Schaue dir die Dinge in deinem Leben an, die dich faszinieren (auf einer Skala von ein bisschen zu unglaublich), die dich in den Bann ziehen und zum Strahlen bringen. Was trifft deine Neugier und entflammt dein Interesse? Was suchst du, wovon träumst du, worüber denkst du nach und was macht dir Freude? Was lässt dich lebendig werden? Obsessionen können allgemeiner Natur sein (eine Lieblingsfarbe, ein Land, ein bestimmtes Wetter) oder sie können sehr spezifisch sein (eine bestimmte Plattensammlung, ein Essen, das du gerne kochst, ein Kleidungsstück, das du immer und immer wieder trägst). Obsessionen haben ein innewohnendes Potenzial. Das rührt nicht daher, was uns fasziniert, sondern liegt in der Stärke unserer Besessenheit und der Art, in der unsere Leidenschaft und Faszination sich unausweichlich damit verknüpfen, wer wir sind. Seine eigenen Obsessionen zu erforschen, auf ihnen aufzubauen und zu versuchen, sie zu verstehen, kann neue Verbindungen aufdecken und du bekommst ein größeres Verständnis davon, wer du bist und was dich inspiriert.

SCHREIBÜBUNG

Eine Sammlung

Lasst uns Sammlungen anschauen. Eine Sammlung ist eine Gruppe von Objekten einer bestimmten Art. Es ist nicht wichtig, ob es sich dabei um kostbare Gemälde, silberne Teelöffel, Bücher, Briefmarken, Muscheln, Ornamente, Buttons oder Kieselsteine handelt – was sie interessant macht, sind die Geschichten, die sie über die Person erzählen, die sie gesammelt hat.

Ich möchte, dass du eine deiner Sammlungen betrachtest – eine heutige oder eine, die du als Kind hattest – und die folgenden Fragen dazu in deinem Logbuch beantwortest.

- Woraus besteht/bestand die Sammlung?
- Wo ist/war sie aufbewahrt oder ausgestellt?
- Wie groß ist/war sie?
- Wie lange hast du gebraucht, um diese Sammlung zusammenzustellen?
- Hast du bewusst angefangen zu sammeln oder hat sich deine Sammlung organisch entwickelt?
- Was bedeutet(e) dir deine Sammlung?
- Falls es sich um eine Sammlung aus deiner Kindheit handelt: Gibt es ein Element davon, zu dem du gerne zurückkehren würdest und das du in dein jetziges Leben auf die eine oder andere Art einbringen möchtest? Und falls ja, wie?
- Wenn es eine jetzige Sammlung ist: Wie stellst du dir vor, sie in der Zukunft wachsen zu lassen?

Erzähle die Geschichte von ein oder zwei bestimmten Teilen aus deiner Kollektion: Beschreibe sie, erkläre, wie und wo du sie erworben hast, denke darüber nach, wie du dich gefühlt hast, als sie Teil deiner Sammlung geworden sind.

Wie, glaubst du, macht dich dieses Interesse lebendig? Wie spiegelt sich dieser Einfluss in deiner kreativen Stimme?

Ich persönlich bin eine unverbesserliche Sammlerin (eine Hamsterin, mögen manche sagen). Meine Sammlungen spiegeln die Geschichte meiner Interessen wider. Ich habe einen großen Krug mit regenbogenfarbenen Stricknadeln aus Plastik, die ich paarweise in Charity Shops erstanden habe. Oben auf meinem Küchenschrank ist eine kleine Sammlung blauer und weißer französischer Krüge, die ich auf verschiedenen Flohmärkten während vieler Familienurlaube in Frankreich erworben habe. Ich sammle ungerahmte Ölbilder und Vintage-Kameras und meine Sammlung an Objekten aus der Natur wächst fast täglich: Seeglas, Quartzkiesel, Hühnergötter, Treibholz, Muscheln und Samenköpfe sind für mich unwiderstehlich. Meine Leidenschaften sind auch überall auf meinen Fotos verstreut – ich kann nie an einem hübschen alten Fenster, einem Flecken Spiegellicht oder einer nebligen Landschaft vorbeigehen, ohne ein Bild zu knipsen. Ich schaue nach unten und mache einen Schnappschuss meiner Füße, während ich mich durch die Welt bewege: in einem Haufen Herbstblätter, am Rande eines Meeresschwimmbeckens oder auf bildschönen Fliesen. Jede Leidenschaft enthält Schichten von Geschichten. Wenn du unsicher bist, was deine Leidenschaften sind, scrolle durch deine Kamera und blättere durch deine Notizbücher. Was ist kostbar für dich? Was beschäftigt dich? Halte Ausschau nach deinen genuinen Interessen oder Beschäftigungen. Annie Dillard schrieb: »Du wurdest gemacht und hierhin gepflanzt, um deinem eigenen Erstaunen Ausdruck zu verleihen.«[2] Die Praxis, kleine Geschichten zu erzählen – deine Geschichten zu erzählen –, ist eine Möglichkeit, deinem Erstaunen eine Stimme zu verleihen. Aufmerksamkeit gegenüber deinen Leidenschaften, der Welt um dich herum und deiner inneren Stimme führt dich, wie Mary Oliver sagte, zu Erstaunen. Deine kreative Stimme drückt dieses einzigartige Erstaunen aus – es erzählt die bestimmte Geschichte davon, was *dich* lebendig macht.

*M*it Anfang zwanzig habe ich ein Jahr lang einen Master-Studiengang in Poesie belegt. Ich lebte in einer kleinen Einzimmerwohnung in einem alten Haus neben einer Kirche. Mein Tisch stand im Flur, in ein kleines Eckchen eingeklemmt, und mein altertümlicher Computer kämpfte mit Stapeln handgeschriebener Notizen um ein bisschen Platz. Die Erkerfenster im sonnigen Esszimmer wurden flankiert von wackeligen Bücherstapeln voller Gedichte, viel gelesen und voller Bleistiftnotizen. Um mein Studium zu finanzieren, arbeitete ich ein paar

KAPITEL 6: FINDE DEINE KREATIVE STIMME

Tage die Woche in einem Buchladen und genoss die Stille eines Raumes voller Bücher. In dieser Zeit habe ich für und mit Gedichten gelebt, sie gelesen, mich mit ihnen auseinandergesetzt und mit den anderen Studierenden darüber diskutiert – in geflüsterten Meetings in der Bibliothek und Gesprächen in den Ecken gemütlicher Pubs. Wir gaben einander Gedichte wie kleine Geschenke, lasen und teilten unsere Lieblingsgedichte wieder und immer wieder.

Nachdem ich mein Studium abgeschlossen hatte, packte ich meine Gedichtbücher in Kisten. Das Leben ging weiter. Ich hatte einen Job, kaufte ein Haus, heiratete und bekam Kinder. Es ist allerdings so, dass einen die Liebe zur Poesie nie verlässt. Es dauerte eine ganze Weile, bis ich sie wieder zu meinem Vergnügen las, aber jetzt ist das Bücherregal neben meinem Bett das Zuhause für meine heiß geliebte Sammlung dünner Gedichtbände und ich habe poetische Stimmen außerhalb des engen Kanons, den meine Universität mich gelehrt hat, entdeckt. Die Liebe zur Poesie beschränkt sich auch nicht auf mein Bücherregal. Ich glaube, dass die Poesie auch ein Teil meiner kreativen Stimme ist.

Wenn ich das sage, dann meine ich damit nicht, dass ich eine Dichterin bin – auf gar keinen Fall. Im Gegenteil, mein Verständnis von Poesie hat mir deutlich gemacht, dass ich die Fähigkeit, gute Gedichte zu schreiben, nicht besitze! Aber mit der Zeit habe ich angefangen zu beobachten, dass meine Begeisterung für Poesie leise und unerwartet in meine kreative Stimme eingezogen ist. Sowohl in meinem Schreiben als auch in meiner Fotografie ist es die Poesie, aus der meine Liebe zu sanfter Melancholie und meine Wertschätzung für berührende Vergänglichkeit herrührt. Ich schreibe der Poesie mein Interesse an Präzision in Sprache und meine beständige Suche nach dem klarsten und besten Ausdruck zu. Die Poesie hat mir den Mut gegeben, mit Wörtern zu experimentieren, sie durcheinander zu wirbeln und zu wissen, wann sie sich richtig anfühlen – selbst wenn sie streng gesehen nicht korrekt sind. Poesie hat mir beigebracht, dass die kleinsten Dinge es wert sind, aufgezeichnet zu werden. Von Dichter:innen habe ich gelernt, in meine Leidenschaften einzutauchen, nach Bedeutung im Moment zu suchen und mich selbst und meine

DEINE LEIDENSCHAFTEN SIND DER ORT, AN DEM DEINE GESCHICHTEN BEGINNEN.

Motivationen zu überprüfen. Ich habe entdeckt, dass Worte ein Mittel sind, mit dem ich forschen und die Wahrheit meiner eigenen Gefühle und Erfahrungen ausdrücken kann.

Gedichte sind für mich nicht nur Worte auf einem Blatt Papier. Sie sind die Qualität von Schönheit oder Intensität, die sich auch in Bildern ausdrücken kann. Man findet Poesie an unerwarteten Orten und mitten im Alltag. Die kleinen Geschichten, die ich erzähle, und die kreative Stimme, mit der ich spreche, verdanken diesen Tagen in den Räumen voller Bücher und an meinem in die Ecke gequetschten Flur-Schreibtisch so viel. Ich dachte, dass ich dort über Poesie lerne, aber die ganze Zeit lernte ich, ich selbst zu sein.

Deine Stimme ist nicht nur davon geprägt, was du liebst und schätzt, sondern auch davon, wo du gewesen bist, was du gesehen, gelernt, erfahren und gemacht hast. Sie drückt aus, wer du bist. Je mehr Notizbücher du füllst, je mehr Fotos du schießt und je mehr Geschichten du erzählst, desto stärker wird deine Stimme. Mit der Zeit wirst du feststellen, dass du deine Arbeit auf Armlänge halten und zuhören kannst, wie deine Wörter und deine Stimme zu dir zurückhallen. Auf deine Stimme zu hören bedeutet nicht, dass du deinen kreativen Output bewerten musst, sondern dass du die Einflüsse und Wendepunkte, die deine Stimme zu deiner eigenen gemacht haben, reflektierst. Wenn alle, die an einem Ereignis teilhaben, ihre Version der Geschichte erzählen müssten, was würde dein Erzählen einzigartig und unmissverständlich dein machen? Denke darüber nach, was es ist, das deine Stimme auszeichnet: die Wörter, der Ton, Stil, die Themen, die emotionale Intensität und Persönlichkeit, die zusammenkommen, um sie zu deiner eigenen zu machen. Ganz ähnlich bestimmen viele dieser Aspekte auch, was deine visuelle Stimme ausmacht.

IM ERSTEN SATZ EINER GESCHICHTE
LIEGT KRAFT, EGAL, WIE KLEIN DIE
GESCHICHTE AUCH SEIN MAG.

TIPPS UND TRICKS

Eine visuelle Erzählstimme entwickeln

Um deine eigene visuelle Stimme zu erkunden, ist es hilfreich, einige deiner Fotos zusammen zu betrachten – als eine allumfassende Geschichte oder als ein Werk in Entwicklung. Sammle zehn Lieblingsfotos, die du gemacht hast. Du kannst sie am Computer ausdrucken und auf deinem Tisch auslegen, oder du kannst dir deinen Instagram-Feed anschauen, falls du dort deine Bilder zeigst.

Sieh dir die Fotos beim Zusammenstellen genau an und notiere in deinem Logbuch Antworten zu den folgenden Fragen:

- Welche Farben dominieren?
- Ist der Ton der Bilder warm oder kalt?
- Sind die Farben gedämpft oder leuchtend?
- Um was für Bilder handelt es sich? (z.B. Portrait, Landschaft, Close-up, Innenausstattung, Action-Bild, Stillleben etc.)
- Welche wiederkehrenden Themen und Subjekte fallen dir auf?
- Notiere drei Wörter, die diese besondere Fotoauswahl beschreiben (z.B. launisch, verträumt, nüchtern, skurril, urban, herzerwärmend, ruhig, dokumentarisch etc.).

Sicherlich wirst du einige Aspekte deiner visuellen Stimme in diesen Bildern finden, die dir gefallen und die du weiterentwickeln möchtest, und andere, die du gerne ändern würdest. Deine visuelle Stimme ist vielleicht noch nicht stark ausgeprägt – vielleicht ist sie ein schwaches Flüstern, das sich langsam seinen Weg sucht. Das ist in Ordnung so. Unsere kreativen Fähigkeiten passen nicht immer zu unserer kreativen Vision. Das, was wir uns *vorstellen*, und das, was wir *können*, zusammenzubringen braucht Zeit.

Du bist auf einer kreativen Reise des Geschichtenerzählens. Übung, auch wenn sie nicht zur Perfektion führt, bringt dich auf jeden Fall weiter darin, Bilder zu entwickeln, die das einfangen, was du dir vorstellst. Je mehr visuelle Geschichten du erzählst, desto stärker wird deine visuelle Erzählstimme werden. Wenn du eine Vorstellung davon hast, wie deine Gegenstände, deine Farbpalette, deine Themen und deine Bildsprache aussehen sollen, ist das ein wichtiger Schritt, um deine eigene ausgeprägte visuelle Erzählstimme zu entwickeln.

Notiere in deinem Logbuch drei Wörter, die die visuelle Stimme beschreiben, die du am liebsten entwickeln möchtest. Diese Wörter können von denen, die du vorher aufgeschrieben hast, abweichen. Versuche, Wörter zu finden, die die Art, wie du die Welt *siehst*, zusammenfassen. Erinnere dich an diese drei Wörter, wenn du in den nächsten Tagen die Kamera oder das Handy in die Hand nimmst, und versuche, ein Gefühl von einem oder mehreren der Wörter in deinem Foto einzubauen.

Deine kreative Stimme ist die Verkörperung deiner kleinen, leisen, inneren Stimme, der Stimme, die dich zu dir selbst macht. Sie ist eine Mischung aus verschiedenen Anteilen. Ein Teil sind deine Emotionen. Unsere kreative Stimme kann aus Freude, Glück, Neugier und Feier herrühren, aber sie kann ihre Quelle auch in Ärger, Trauer, Angst oder Schmerz haben. Die emotionale Quelle unserer Kreativität ist nuancenreich und kommt aus einer komplexen Stelle, in der sich viele, wenn nicht alle diese Elemente miteinander verbinden. Die Augenblicke, Erfahrungen, Leute, Orte und Erinnerungen, die – aus welchen Gründen auch immer – bei uns bleiben oder uns sogar verfolgen, spornen uns an, unsere Geschichten zu erzählen. Deine eigene kreative Stimme kommt von ganz tief innen, aus dem Herzen derjenigen, die du bist. Wir nutzen alle unsere kreativen Stimmen aus einer Unzahl von Gründen: um Ausdruck, Flucht, Verständnis, Erinnerung oder vielleicht sogar Erlösung zu finden. Wo deine kreative Stimme auch immer herkommt, sie hat dich zu diesem jetzigen Moment geführt, zu den Geschichten, die du erzählen willst. Die *Quelle* deiner kreativen Stimme mag vielleicht nicht in deiner Macht liegen, aber du kannst auf jeden Fall ihr Ziel bestimmen. Was triggert dich, *wohin* schreibst du?

Anne Lamott schreibt darüber, wie wichtig es ist, Wahrheit im Zentrum seines Schreibens zu verankern. Sie sagt, »wenn etwas in uns echt ist, dann finden wir es vermutlich interessant und es wird aller Voraussicht nach universell sein«. Sie lehrt uns, »direkt ins emotionale Zentrum von Sachen zu schreiben«.[3] Die Entscheidung zu treffen, etwas zu schreiben, das größer als man selbst ist – so etwas wie Wahrheit –, gibt der Erzählstimme Kraft und Sinn. Wenn man seine Wörter bewusst in eine Richtung lenkt, verleiht man seiner Arbeit eine Intensität und nimmt die Leser:innen mit auf seine Reise. Während du intensiver auf die kleine, leise Stimme in dir hörst, teile, was du kraftvoll und wahrhaftig findest, und nutze deine Obsessionen. Schreibe ins emotionale Zentrum der kleinen Geschichte, die du erzählen willst. Egal, ob du deine Geschichten für ein Publikum oder für dich selbst schreibst, die Wahrheit (wie du sie verstehst) im Herzen deiner Geschichte zu haben, wird dir helfen, deine eigene kreative Stimme zu entwickeln. Es kann einen einschüchtern, seine Geschichten zu erzählen, ich weiß. Versuche einen Moment lang zu vergessen, dass deine Worte je gelesen werden. Dein Logbuch ist dein eigener Raum, in dem du nicht beurteilt wirst. Es gibt keine Erwartungen oder sozialen Druck; nur dich, deinen

KAPITEL 6: FINDE DEINE KREATIVE STIMME

Stift, dein Notizheft, deine Kamera und die kleine Geschichte, die du erzählst. Denk nur darüber nach, wohin du schreiben willst – die Wahrheit ist im Herzen deiner Geschichte.

Einer leisen Stimme in einer lauten Welt Gehör zu verschaffen kann sich herausfordernd anfühlen. Manchmal scheint es so, als ob deine innere Stimme in einer Kakophonie von äußeren Stimmen, die lautstark um Aufmerksamkeit feilschen, untergeht. Elizabeth Gilbert schlägt vor, ein Gefühl zu kultivieren, das sie »kreative Berechtigung« nennt. Dies bedeutet, dass »du die Erlaubnis hast, eine eigene Stimme und eine eigene Vision zu haben«.[4] Wir müssen an dem Glauben festhalten, dass wir ein Recht haben, uns selbst auszudrücken – und den Mut finden, unsere Anwesenheit geltend zu machen. »Meine Stimme zählt.« Flüstere dir diese Worte zu. Sage sie laut. Glaube an sie. Niemand anderes als du kann deine Geschichten mit deiner Stimme erzählen. Manchmal, wenn mein kreativer Mut schwindet, an den Tagen, an denen ich davon überzeugt bin, dass ich nichts zu sagen habe (von denen es viele gibt), erinnere ich mich daran, dass alles endlich ist. Ich werde nicht immer hier sein – wie niemand von uns – und dieser Augenblick, diese Chance, meine Geschichte zu erzählen, ist vielleicht die einzige, die ich bekomme. Niemand muss dir erlauben, deine Geschichten zu erzählen: Sie gehören dir und du bist die Einzige, die sie in deiner Stimme erzählen kann. Deine Geschichten, meine Geschichten, all unsere Geschichten sind wichtig. Am Ende überdauern uns unsere Geschichten – sie sind das, was denen, die uns lieben, von uns bleibt, nachdem wir gegangen sind. Nähre dein Gefühl der kreativen Berechtigung und glaube an die Kraft, die Schönheit und die Substanz deiner eigenen Stimme.

Wenn du anfängst, deine kleine Geschichte zu schreiben, etabliert der erste Satz unmittelbar deine Stimme. Was für ein Ton stellt sich ganz natürlich bei dir ein, wenn du eine Geschichte erzählst? Er kann schnoddrig und lustig sein, herzlich und berührend, zögerlich und unsicher oder blumig und beschreibend. Stell dir vor, dass du diese Geschichte laut einer befreundeten Person erzählst – wie würdest du sie beginnen? Genau wie deine mündliche Stimme sollte deine Erzählstimme dir selbst treu sein, aber sie muss auch klar sein, um deine Botschaft zu kommunizieren. Im ersten Satz einer Geschichte liegt Kraft, egal, wie klein die Geschichte auch sein mag – es ist ein Augenblick der Verbindung zwischen Erzählenden und Zuhörenden. Dies ist deine Chance, dein Publikum einzuladen, näher zu kommen und zuzuhören, was du zu sagen hast. Ich persönlich finde den ersten Satz immer am schwierigsten, wenn ich eine kleine Geschichte schreibe. Ich denke über meine Geschichte nach, darüber, was sie für mich bedeutet, und ich versuche die besten Worte dafür zu finden, um die Leser:innen direkt in meine Geschichte hineinzuziehen. Ich weiß, dass dieser Eröffnungssatz in meiner Stimme richtig ist, wenn er sich richtig *anfühlt* und wenn der Rest der Geschichte anfängt, leicht zu fließen. Man nennt den Anfang einer Geschichte oft den Hook, einen Haken, der die Lesenden festhakt, sodass sie weiterlesen. Dein erster Satz ist dein Hook – er ist da, um die Aufmerksamkeit der Lesenden zu packen und ihnen zu erlauben, deine Stimme zu hören.

Der Wahrheit entgegenzuschreiben bedeutet, wahrhaftig gegenüber deiner Geschichte, aber auch deiner Stimme zu sein. Hast du je eine enge Verbindung mit einer bestimmten Erzählstimme gespürt? Egal, ob es ein:e Schriftsteller:in, Fotograf:in, ein:e Dokumentarfilmer:in oder jemand ist, dem du auf Social Media folgst. Wenn Leute eine bezwingende Stimme haben, dann laden sie dich in die Geschichte ein und du hast fast das Gefühl, du würdest sie *kennen*. Wenn wir jedes Buch einer Autorin lesen, die Ausstellungen eines Fotografen recherchieren oder regelmäßig Erzählenden online lauschen, dann spricht uns ihre kreative Stimme an. Denke an eine deiner Lieblingserzählstimmen, egal, in welchem Genre. Was macht diese Stimme für dich klar und wiedererkennbar? Was liebst du an ihrer einzigartigen Weise, wie sie Geschichten erzählt? Darüber nachzudenken, was eine kreative Stimme, die wir lieben, besonders macht, kann uns helfen, unsere eigene zu etablieren. Ich schlage nicht vor, dass du die Stimme von jemand anderem kopieren sollst, aber dass du dir anschaust, was sie ausmacht. Analysiere die Wahl der Themen, des Tons und der Details, sowie die Farben (bei einer visuellen Stimme) und die Wörter (bei einer geschriebenen Stimme). Was macht die Stimme dieser Person für dich so attraktiv? Was ist an dieser Stimme so einzigartig? Wenn du eine Geschichte liest oder ein Foto anschaust und sofort weißt, das kann nur von dieser *einen* Person stammen, dann hat diese:r Erzähler:in eine unverwechselbare kreative Stimme. Jetzt stelle dir dieselben Fragen in Bezug auf dein eigenes Erzählen: Dein Ziel ist nicht, die Stimme von jemand anderem nachzumachen, sondern zu verstehen, was deine Stimme erkennbar macht, und dieses Wissen zu nutzen, um deine Stimme

KAPITEL 6: FINDE DEINE KREATIVE STIMME

klarer zu machen und zu stärken. Eventuell fühlst du dich von einer bestimmten Erzählstimme angezogen, weil sie dir etwas von dir selbst spiegelt, aber deine eigene Stimme gehört dir.

Wenn du deine Geschichten mit anderen teilst – wenn du Social-Media-Accounts, einen Blog hast oder deine Geschichten anderweitig online teilst –, ist deine Stimme der rote Faden, der sich durch alles zieht, was du postest. Mit deiner echten kreativen Stimme zu sprechen bedeutet, dass deine Persönlichkeit durchscheint. Du kannst deinen Humor feiern und deine Makel zeigen – es ist wichtig, ein bisschen verletzlich zu sein, um eine ehrliche und authentische Stimme zu haben. Erlaube deiner Zuhörerschaft, die Person hinter deinen Worten oder Bildern kennenzulernen. Nichts zieht uns so sehr in eine Geschichte wie gelegentliche Verletzlichkeit. Allerdings gilt es, den schmalen Pfad zwischen dem Teilen aus tiefstem Herzen und dem Zu-viel-Erzählen zu finden, und diese Gratwanderung ist für jede Person anders. Ich persönlich wähle oft Fotos, die Schönheit und Klarheit zeigen, weil mein öffentlicher Instagram-Account für mich der Teil meines Lebens ist, der von Chaos unberührt sein soll. Meinen Account größtenteils aufgeräumt zu halten gibt mir Ruhe und kreative Erfüllung. Ich tue allerdings nicht so, als würde ich ein perfektes Leben führen. Ich zeige auch Blicke hinter die Kulissen und meine Verletzlichkeit taucht immer wieder mal in den Bildunterschriften meiner visuellen Geschichten auf. Ich habe außerdem einen privaten Instagram-Account, auf dem ich persönlichere Augenblicke mit ein paar Leuten aus Familie und Freundeskreis teile. Das funktioniert so für mich, was aber nicht heißt, dass es für alle so richtig ist. Ich bin davon überzeugt, dass ich darüber bestimme, weil es meine Geschichte ist. Genau wie du. Du schuldest niemandem deine ganze Geschichte und du musst auch niemandem jedes Detail deines Lebens erzählen. Achte nur darauf, dass du in den kleinen Geschichten, die du teilst, dir selbst treu bist.

An einem Frühlingsmorgen vor ein paar Jahren pflückte ich einen Korb weiße Blüten von einem kleinen Baum in meinem Garten. Die Blüten dieses Baums tragen nur ein paar Tage, deswegen wollte ich sie mit einem Bild festhalten, bevor sie wieder für ein Jahr verschwinden würden. Wie üblich war mein Haus ziemlich unaufgeräumt und weil es keinen Platz gab, stellte ich den Korb auf die Holztreppe und schoss ein Foto. Als ich das Foto später auf Instagram teilte, war ich überrascht, wie viele Leute sich in den Kommentaren begeistert von meiner Treppe zeigten. Diese Stufen sind voller Macken, mit Farbklecksen übersät und ein verblassender weißer Farbstreifen zieht sich an beiden Seiten entlang, in deren Mitte einst ein Teppich lag. Ich gebe zu, ich mag diese Treppe sehr, aber ich wäre nie auf die Idee gekommen, dass andere Leute sie ansprechend finden würden. Und doch hatten genau diese Makel etwas – vielleicht die Geschichten, die sie von einem Jahrhundert an Füßen, die hoch- und runtergelaufen waren, erzählten – und regten die Fantasie der Leute an.

Ich experimentierte damit, meine Treppe als Hintergrund für ein weiteres Foto zu nutzen, dieses Mal für die Holunderblüten, die meine Kinder und ich auf den Straßen aufgesammelt hatten, um es gemütlich zu machen. Auch dieses Foto war unerwartet beliebt. Ich begann, die Treppe in einem völlig neuen Licht zu sehen. Mit der Zeit entwickelte ich dieses Motiv weiter. Ich forderte mich heraus, den Übergang der Jahreszeiten mit Stillleben auf den Treppenstufen festzuhalten. Im Herbst mit leuchtend gelben Birkenblättern von einem Baum im Wald, im Winter mit einer Girlande schneeweißer Clematis vitalba, im Frühling mit Kirschblüten vom Baum vor meinem Schlafzimmer, im Sommer mit einem Bündel Blumen aus dem Garten einer lieben Freundin. Mein Projekt hatte einfach Beschränkungen: Jedes Stillleben zeigte natürliche Objekte auf der Treppe platziert. Ich war überrascht, wie viele verschiedene Geschichten ich auf diese Art erzählen konnte.

FOTOÜBUNG

Entwickle Projekte und Motive

Eine Möglichkeit, wie du mit deiner visuellen Erzählstimme experimentieren kannst, ist, dich zu einem kreativen Fotoprojekt herauszufordern. Manchmal entstehen Projekte dieser Art ganz natürlich – so zum Beispiel bei meiner Serie mit den Treppenstufen.

Dich zu einem Fotoprojekt herauszufordern ist eine hervorragende Möglichkeit, deine Kreativität zu entwickeln und deine kreative Stimme zu stärken. Ich schlage vor, du schaust dir die Fotos an, die du bislang gemacht hast, und überlegst, ob es ein bestimmtes Thema, einen Ort oder eine Bildform gibt, die du nachbilden, entwickeln und erforschen kannst. Auch wenn ich dir hier ein paar Ideen anbiete, für ein Projekt, das deine Stimme am besten entwickeln kann, muss es etwas sein, was sich für dich natürlich anfühlt. Daher plane eine Storytelling-Challenge, die deinen einzigartigen Blickwinkel und deine Interessen trifft.

- Tischoberfläche: Überlege dir ein Projekt, bei dem du immer wieder Bilder von deinem Küchen- oder Schreibtisch machst, und erzähle die Geschichte, wie er sich im Verlauf des Jahres ändert.
- Eine Ecke deines Zuhauses: Vielleicht hast du keine alte Treppe, aber ein Fensterbrett, einen Stuhl oder einen Kaminsims, den du als Basis für dein Fotoprojekt nutzen kannst. Möchtest du vielleicht die Geschichte der Jahreszeiten an diesem Setting erzählen?
- Bücher: Kannst du eine interessante Möglichkeit finden, die Geschichte der Bücher, die du gelesen hast und wo du sie gelesen hast, zu erzählen?
- Essen: Überlege dir ein Projekt, das die Geschichte der Mahlzeiten, die du kochst und isst, erzählt (entweder der Kochprozess oder das finale Gericht).

Wähle ein Motiv, das für dich einzigartig ist und eine spezifische Geschichte erzählt. Setze dir ein paar einfache Beschränkungen: Bestimme, welche Elemente deines Fotos jedes Mal gleich bleiben sollen und welche Aspekte du ändern willst.

Das Wichtigste: Experimentiere und habe Spaß dabei. Wenn du deine Arbeit auf Social Media teilst, kann es sich leicht so anfühlen, als müsstest du Inhalt produzieren, der neu, frisch und anders ist. Tatsächlich kann das Zurückkehren zu wiederholten Motiven dir sogar helfen, deine Zuschauerschaft zu erweitern, weil die Leute wissen, was sie von dir erwarten können, und die Vertrautheit der Vignetten, die in ihrem Feed auftauchen werden, ist für sie vorhersehbar und sogar beruhigend.

Social Media ist randvoll mit den anspruchsvollen Highlights anderer Leute, zieht uns oft in eine scheinbar perfekte Welt und lässt uns eintönig durch das scrollen, was andere teilen und tun. Wir gehen davon aus, dass die Perfektion auf dem Display die ganze Geschichte ist, aber es gibt immer eine andere Geschichte außerhalb des sorgfältig gewählten Rahmens, höchstwahrscheinlich Makel oder sogar Chaos. Wie ich ein Foto begrenze, ist eine bewusste Entscheidung. Es gibt Sachen, die ich zeige, und andere, die ich weglasse. Niemand lebt ein perfektes Leben, sosehr es auch so scheinen mag. Außerhalb des Rahmens ist das Leben chaotisch und kompliziert. Wir sind alle verletzlich, also sei freundlich. Das nächste Mal, wenn du bemerkst, dass du dich mit jemandem online vergleichst, halte inne und bemerke das Gefühl. Schau mal, ob du genau isolieren kannst, was es ist, das dich unterlegen oder frustriert fühlen lässt. Ist es ein großartiges Zuhause, exotische Reisen, ein verführerisch aussehendes Frühstück oder ein einwandfreies Outfit? Oder vergleichst du deine eigenen Fotokünste oder deine beruflichen Leistungen mit denen anderer? Überlege, ob du dieses negative Gefühl in eine positive Aktion lenken kannst. Die Leistungen von jemand anderem zu sehen kann eine Möglichkeit sein, dich anzuspornen, nach vorne zu schauen und deine eigenen Ziele zu erreichen. Das beengende Gefühl, das sich in der Tiefe meines Magens einstellte, wenn ich sah, dass andere Kreative ihre Buchdeals bekannt machten, war eine der Sachen, die mir klarmachten, dass ein Buch zu schreiben etwas war, was ich *wirklich* wollte. Wenn du auch dieses Gefühl hast, kann es sein, dass du aufhören solltest zu scrollen und einen kleinen Schritt in Richtung deines kreativen oder persönlichen Ziels gehen solltest, was immer das sein mag. Eine andere positive Aktion, die du angehen könntest, wäre, dich bei der Person zu melden, deren Post dich beeindruckt hat, und ihr einen warmherzigen, wertschätzenden Kommentar zu schreiben. Echte Menschen sind sehr viel weniger einschüchternd als die idealisierten Versionen, die wir in unseren Köpfen kreieren. Den Mut zu haben, jemanden zu kontaktieren, ist eine Möglichkeit, sich zu verbinden und vielleicht zu lernen. Wenn du allerdings merkst, dass du **Kon**kurrenzneid oder Unzufriedenheit erlebst, dann ist es vermutlich Zeit für eine Pause. Du kannst Accounts, die dich unglücklich machen, muten oder ihnen entfolgen – dein Feed sollte ein positiver Ort für dich sein. Die beste Lösung für unangenehme Vergleiche ist, einfach das Handy wegzulegen und Social Media ein bisschen ruhen zu lassen, idealerweise um etwas spürbar Kreatives zu tun.

KAPITEL 6: FINDE DEINE KREATIVE STIMME

Wenn wir Social Media nutzen, dann treffen wir alle permanent Entscheidungen darüber, was wir teilen, und unsere individuellen Entscheidungen können von Tag zu Tag anders aussehen. An manchen Tagen fühlt es sich okay an, traurige, negative oder chaotische Erfahrungen zu teilen – um einen Schuss Realität zu injizieren oder sich mit anderen auszutauschen, die ähnlich fühlen –, an anderen Tagen magst du vielleicht nur feiern und das Schöne in deinem Leben präsentieren. Diese beiden Ansätze schließen sich nicht gegenseitig aus. Geschichten können, genau wie das Leben, chaotisch und wunderschön sein. Was deine Geschichten zusammenhält und dein Publikum an dich bindet, ist deine einzigartige Stimme. Vermutlich wirst du feststellen, dass deine natürliche Stimme dich Leuten nahebringt, die ähnliche Interessen und Erfahrungen machen, was die Möglichkeit für Verbundenheit schafft. Daneben ist Social Media aber auch eine Möglichkeit, dich nicht nur mit Leuten zu verbinden, deren Leben dem deinigen ähnelt, sondern auch mit Menschen, deren Stimmen, Backgrounds und Erfahrungen von deinen abweichen. Das passiert nicht zufällig. Wir treffen eine bewusste Wahl, Leute mit verschiedenen Stimmen zu suchen, zu entdecken und uns mit ihnen auszutauschen. Wenn wir ihnen zuhören, uns mit ihnen unterhalten und Geschichten von Leuten teilen, die andere Hintergründe haben als wir selbst, werden wir bereichert. Wir können lernen, empathisch zu sein, Freundschaften aufzubauen, und beginnen, Sachen anders zu sehen. Das Erzählen auf Social Media bietet uns Verbundenheit, Anteilnahme und – durch das Teilhaben an den Stimmen anderer – eine Möglichkeit, zu erkennen, zu lernen, zu verstehen, zusammenzuarbeiten, neue Perspektiven zu teilen und verschiedene Geschichten zu entdecken.

Während du eine Geschichte schreibst, wirst du dir der beabsichtigten Zielgruppe bewusst sein, ob es deine Online-Follower, deine Familie oder dein zukünftiges Selbst ist. Deine öffentliche Stimme mag vielleicht etwas anders sein, als es deine freie private Stimme ist – die Stimme, die du in deinem Logbuch aufzeichnest. Ein Tagebuch bietet dir den Raum, ohne Beurteilung zu schreiben. Hier erzählst du dir selbst Geschichten. Mit der Zeit kann ein Tagebuch sowohl eine Erkundung deiner Stimme als auch ein reiches Materiallager für dein kreatives Erzählen oder andere Projekte werden. Deine kreative Stimme stammt aus der leisen inneren Stimme, die sich eher auf den privaten Seiten deines Logbuchs Gehör verschafft. Eine kontinuierliche erzählerische

Praxis zeichnet nicht nur auf, wer du bist, sondern mit der Zeit erlaubt sie dir auch zu verstehen, wer du mal warst. Dies trifft für das persönliche Erzählen mit Wörtern, aber auch mit Fotos zu. Selbst die etabliertesten und unverwechselbaren kreativen Stimmen verändern sich mit der Zeit. Die Entwicklung einer kreativen Stimme ist eine lebenslange Reise.

Deine Erfahrungen und deine Perspektive entwickeln sich konstant und damit auch deine einzigartige Stimme. Was deine Stimme bemerkenswert macht, ist die Art, wie du sie erzählst. Und doch erinnert uns die Autorin Rebecca Solnit: »Wir denken, wir erzählen Geschichten, aber oft erzählen die Geschichten uns.«[5] Die Welt um uns herum ist ein unsichtbares Netz an Geschichten, ein ausgedehntes hauchdünnes Netzwerk an Erzählungen, die uns verbinden, leiten und sogar kontrollieren können. Unsere kleinen Geschichten sind ein winziger Teil dieses ausgedehnten Universums an Geschichten. Um sie so zu nutzen, dass wir sie effektiv erzählen können, müssen wir etwas über die Kraft der Geschichten verstehen.

The Power of Story

KAPITEL 7: THE POWER OF STORY

Das Universum, so wie wir es kennen, wird durch Geschichten zusammengehalten.

In allen Aspekten unseres Lebens sind sie permanent präsent. Sie helfen uns, in unserer täglichen Existenz zu navigieren und Bedeutung zu finden. Wir erleben Geschichten nicht nur durch Fiktion (in Büchern, Filmen und Theaterstücken), auch Nachrichten werden uns in Form von Geschichten präsentiert, genauso Historie und nationale Identität. Wir sind konstant mit Geschichten beschäftigt. Sie sind die Methode, mit der wir unsere Welt verstehen. Wir alle existieren in dem nebulösen Konstrukt unserer eigenen Lebensgeschichte, die sich aus vielen kleinen Geschichten zusammensetzt. Wir verweilen bei ihnen oder manchmal versuchen wir auch, sie zu vergessen. Wir tauschen sie aus – mit Freund:innen, in Kneipen, Cafés oder am Schultor. Wir erzählen sie am Abendbrottisch. Das Erzählen von Geschichten ist ein wesentlicher Teil dessen, was uns menschlich macht, und wir sind alle geborene Erzähler:innen. Wir hören Geschichten, wir erzählen Geschichten, wir leben Geschichten, Geschichten sind überall.

Eine Geschichte ist nicht nur die Art und Weise, wie wir die Welt verstehen, sie ist die Art, wie wir uns selbst verstehen und sogar konstruieren. Genauso wie wir beim Lesen von Fiktion ein Modell der Fantasiewelt des Autors oder der Autorin in unserem Kopf bauen, so baut unser erzählendes Gehirn ein Modell, das zu unserer eigenen Lebensgeschichte passt. »Um die Geschichte deines

Lebens zu erzählen«, schreibt Will Storr, Autor des Buches *The Science of Storytelling*, »muss dein Gehirn eine Welt für dich heraufbeschwören, in der du leben kannst.«[1] Unser Gehirn nimmt Unordnung, simplifiziert sie und ordnet das Kuddelmuddel des Lebens in eine lineare Geschichte. Wir erleben externe Realität in Bezug auf uns selbst und auf diese fortdauernde Geschichte. Wir sehen die Welt und unseren Platz in ihr durch die Linse unserer eigenen bestimmten Lebensgeschichte. In ihrem *School of Life*-Vortrag *Über das Geschichtenerzählen* verdeutlicht die Neurologin Professor Susan Greenfield, dass wir eine völlig individuelle Perspektive auf die Welt haben, die uns unsere persönliche Identität verleiht. Jedes Leben hat eine nicht wiederholbare Umlaufbahn – eine einzigartige Lebensgeschichte. Unsere Gehirne werden durch das, was uns und um uns herum passiert, geformt. Die Verbindungen zwischen den Gehirnzellen formen sich in Reaktion auf unsere spezifischen Erfahrungen und bilden dadurch einen Verstand, der uns zu dem macht, wer wir sind. Jede:r von uns ist anders, sagt sie, aber wir leben alle eine Geschichte. Diese unsere Lebensgeschichte, kann uns die Bedeutung geben, nach der wir als Menschen suchen.[2]

Als ich klein war, machte mir meine kanadische Tante eine Patchworkdecke. Rechtecke mit feinem Blumenmuster waren mit Dunkelrosa abgesteppt, das damals meine Lieblingsfarbe war. Ich liebte diese Decke und hatte sie immer auf meinem Bett. Sie war der Lieblingsort meiner Katze, um sich darauf zusammenzurollen. An Wintertagen, wenn es durch mein schepperndes Aufziehfenster zog, wickelte ich mir die Decke um meine Schultern. An kalten Tagen wärmte sie mich. An traurigen Tagen tröstete sie mich. Als ich erwachsen wurde und von zu Hause auszog, nahm ich die Decke mit, obwohl die Farbe inzwischen verblasst und die Rechtecke teilweise gerissen waren, sodass das Innenleben herausquoll. Das machte mir nichts aus. Die Makel sprachen für mich von Liebe. Viele Jahre später, als mein Patenkind getauft wurde, wusste ich, dass ich ein besonderes Geschenk brauchte. Ich erinnerte mich an meine Patchworkdecke und beschloss, ihm eine Steppdecke zu nähen. Auch wenn ich wusste, wie man eine Nähmaschine benutzt, hatte ich noch nie vorher eine Decke gemacht. Ich kaufte mir ein Buch und brachte mir selbst Patchwork bei. Es war ein langwieriger Prozess, von der Auswahl der Stoffe zum Steppen mit der Hand. Ich war unglaublich stolz auf das fertige Produkt – es steckte Liebe

DAS ERZÄHLEN VON GESCHICHTEN IST
EIN WESENTLICHER TEIL DESSEN,
WAS UNS ZUM MENSCHEN MACHT.
WIR SIND ALLE GEBORENE ERZÄHLER:INNEN.

in jedem Stich. Die Steppdecke zur Taufe war bislang die erste und einzige, die ich je gemacht habe, aber irgendwann mache ich noch mal eine.

In einer Ecke meines Büros steht ein aus der Mitte des letzten Jahrhunderts stammender Nähkasten aus Eiche auf langen Beinen. Ich hatte ihn eines Tages im Fenster eines Charity Shops entdeckt, gekauft und oben auf dem Kinderwagen nach Hause transportiert, in einem gefährlichen Balanceakt mit meinem Sohn, damals ein Kleinkind, an der Hand. In diesem Nähkasten sammle ich das Material für meine nächste Patchworkdecke: Stoffstücke, jedes einzelne von ihnen mit einer Geschichte. Es gibt Verschnitte des kornblumenblauen Liberty-Stoffs, den meine Schwiegermutter verwendet hat, um die Kleider meiner Brautjungfern zu nähen, Überbleibsel blassen Baumwollstoffs aus dem Schrank meiner Yorkshire-Oma, Reste von Kissenbezügen und Stücke zerrissener alter Blusen. Wenn die Zeit reif ist und ich all die Stücke zusammennähe, werde ich auch all die Geschichten zusammenbringen. Für sich allein ist ein kleines Baumwollquadrat dürftig, aber aus vielen Quadraten wird eine starke Patchworkdecke, zusammengenäht mit Liebe, Trost und Wärme. Ein Geschichten-Patchwork ist dasselbe, kombiniert und zu einem sinnvollen Muster zusammengefügt, kann ein Geschichten-Patchwork beginnen, ein Leben zu repräsentieren und darin Bedeutung zu finden.

Die Geschichten unseres Lebens zu leben und zu erzählen, ist eine permanente Suche nach Bedeutung. Wir suchen nach Mustern in Ereignissen, während wir probieren, aus dem, was der Autor Robert McKee »die Anarchie der Existenz«[3] nennt, Sinn zu machen. Wir versuchen alle herauszubekommen, wer wir sind und was unsere Rolle in der Welt ist. Unsere Lebensgeschichten sind unser Mittel, mit dem wir Struktur aus Chaos schaffen, Augenblicken und Ereignissen persönliche Bedeutung zuschreiben, von denen wir annehmen, dass sie uns ausmachen. Eine Lebensgeschichte ist eine persönliche Geschichte, aber sie ist auch eine individuelle Identität. Indem wir Geschichten schaffen, versuchen wir, uns selbst und unseren Sinn zu ergründen. Wir kommunizieren über das Erzählen von Geschichten, sowohl aus unserem eigenen Leben als auch aus den Leben anderer. Geschichten ermöglichen es uns, zu lernen, zu ermutigen, zu inspirieren und Wandel hervorzubringen.

KAPITEL 7: THE POWER OF STORY

Der Kern einer Geschichte – egal, ob fiktional oder aus dem Leben gegriffen – lässt sich darauf reduzieren, dass sich irgendwo irgendwann irgendetwas verändert hat. Oft ist dieser Moment der Veränderung etwas, was den Protagonist:innen passiert (die Hauptcharaktere einer Geschichte, im Fall deiner kleinen Geschichten vermutlich du selbst). Die Veränderung kann subtil sein. Es kann sich um eine innere Veränderung handeln, um einen Bruch im Denken oder Verstehen. Eine konzeptionelle oder emotionale Anpassung kann die Protagonist:in und auch die Lesenden beeinflussen. Eine eindrucksvolle Geschichte öffnet die Leser:innen für neue Gefühle oder Möglichkeiten und verändert ihr Verständnis. Wenn wir unsere kleinen Geschichten erzählen, dann kommunizieren wir immer dieselben drei Elemente: Irgendwo, irgendwann hat sich etwas verändert. In unseren kleinsten Geschichten kann dieses Element der Veränderung ebenfalls klein sein – ein Gedanke, eine Beobachtung, ein winziges Geschehen –, aber selbst kleine Veränderungen können bedeutungsvoll sein und Veränderung bedeutet eine Verschiebung, Bewegung, oft eine Art Hoffnung.

Geschichten haben traditionellerweise einen Anfang, einen Mittelteil und ein Ende. In unseren kleinen Geschichten sind diese Bestandteile kondensiert. Jede kleine Geschichte, die wir erzählen, ist eine kurze Episode aus der größeren, alles überspannenden Geschichte, der Geschichte unseres Lebens. Wie wählen wir den besten Anfangsmoment, wenn wir einen Teil unserer Geschichte erzählen? Es wird immer Schichten von Augenblicken geben, die davor kamen. Unsere kleinen Geschichten sind kumulativ und fortwährend, sie beginnen weder, noch hören sie auf. Das Zeug, aus dem Geschichten gemacht sind, »ist nur eine Tasse Wasser, die aus dem Meer geschöpft und wieder in das Meer hineingegossen wurde«,[4] schreibt Rebecca Solnit. Die Zeit bewegt sich anders in der Geschichtenwelt – sie ist konzentriert und nicht immer ganz linear. Wenn wir den Augenblick auswählen, in dem eine kleine Geschichte beginnt, können wir auf den Ursprung der Veränderung schauen (die Ereignisse, die erklären, wieso die Veränderung stattgefunden hat) oder wir können direkt hineinspringen und mit dem beginnen, was das Wesen der Geschichte ausmacht: der Veränderung.

Es gibt eine dynamische Beziehung zwischen Erzähler:in und Publikum. Wenn wir anderen unsere kleinen Geschichten erzählen, strecken wir ihnen die Hand aus und geben ihnen etwas von uns selbst. Im Gegenzug geben sie uns ihre

SCHREIBÜBUNG

Von Flash Fiction lernen

Flash Fiction ist eine sehr kurze Kurzgeschichte. Die Wortzahl lässt sich ungefähr zwischen 150 und 1000 Wörtern festmachen. In seiner Essenz ist Flash Fiction das fiktionale Äquivalent unserer kleinen Lebensgeschichten. Das bedeutet, dass sich die Techniken, Flash Fiction zu schreiben, für das Schreiben kleiner Geschichten aus deinem Leben anpassen lassen. Probiere die folgenden Techniken aus:

- Tauche direkt ein: Versuche, mitten in deiner Geschichte zu beginnen. Keine Einleitung, kein In-Szene-Setzen. Beginne deine Geschichte mit dem Schlüsselmoment beziehungsweise dem Augenblick, in dem Veränderung passiert.

- Lass deine Stimme erklingen: Bei einer kleinen Geschichte ist die narrative Stimme super wichtig. Deine Stimme sollte die Lesenden unmittelbar in deine Geschichte ziehen, sie sollen herausfinden wollen, was passiert ist, und mehr von dir hören wollen. Wenn deine Stimme warm klingen soll, schreibe, als ob du mit jemandem sprechen würdest, den du kennst und dem du vertraust.

- Benutze eine präzise Bildsprache: In einer kleinen Geschichte kann man sich keine langen Erklärungen oder Beschreibungen leisten. Versuche, Bilder zu benutzen, die den Lesenden in einem kurzen Satz verdeutlichen, worum es in deiner Beschreibung geht. Wähle deine Worte mit Bedacht.

- Konzentriere dich auf ein Gefühl: In kleinen Geschichten gibt es keinen Platz für eine komplexe emotionale Landschaft. Wähle ein Gefühl, auf das sich deine Geschichte fokussiert. Es kann das Gefühl sein, das du selbst empfunden hast, oder die Emotion, die du bei den Lesenden hervorrufen möchtest. Dasselbe bei Sinneseindrücken: Konzentriere dich auf nur einen.

- Lass deine Wörter nachhallen: Genau wie die erste Zeile einer Geschichte wichtig ist, weil sie deine Stimme etabliert, ist die letzte Zeile ähnlich wichtig, weil das die Wörter sind, die im Kopf der Lesenden ihren Nachhall finden. Versuche, einen letzten Satz zu schreiben, der die Lesenden grübeln lässt.

Nutze diese Tipps, um in deinem Logbuch eine kleine Geschichte zu schreiben.

FOTOÜBUNG

Komponiere deine visuelle Geschichte

Wenn du durch den Sucher schaust, komponierst du ein Bild. Du wählst aus, was du einfangen willst und wo du es im Bild platzieren möchtest. Dadurch lenkst du den Blick der Betrachtenden. Wenn du diese Wahl bewusst triffst, kannst du ein eindrucksvolles Bild erschaffen. Dabei helfen einige Regeln der Komposition:

- DIE DRITTEL-REGEL
  Stell dir vor, dass dein Bild (mit zwei vertikalen und zwei horizontalen Linien) in neun gleich große Segmente aufgeteilt ist. Die Drittel-Regel besagt, dass sich das Auge natürlich zu den Stellen hingezogen fühlt, an denen sich diese Stellen kreuzen, und dass man daher die wichtigsten Elemente entweder entlang der Linien oder an den Kreuzungspunkten positionieren sollte. Da die Augen meistens von links nach rechts blicken, kann es hilfreich sein, sein Objekt auf der rechten Linie des Rasters unterzubringen und damit sicherzustellen, dass der Blick der Betrachtenden über das Bild wandert, verschiedene Elemente der Geschichte erblickt, um schließlich beim Wesentlichen zu landen.

- LEITLINIEN
  Wenn wir auf ein Foto schauen, wird unser Blick automatisch von Linien innerhalb der Szenerie angezogen (so wie Mauern, Zäunen oder Straßen). Man nennt sie Leitlinien und sie ziehen uns in das Bild und lenken unseren Blick zum Subjekt. Als Erzählende können wir diese Linien nutzen, um die Betrachtenden auf eine Reise durch die Szene mitzunehmen.

- FÜLLE DEN RAHMEN
  Bei einer Nahaufnahme kommt die Kamera dem Subjekt nah (entweder durch die Kameraposition oder durch Heranzoomen) und füllt den Rahmen des Fotos. Es bleibt wenig Hintergrund sichtbar. Viele Handykameras haben inzwischen einen »Portrait-« oder »Close-up«-Modus, mit dem man diesen Effekt erreicht. Diese Art von Bild hat eine Intensität und zieht die Betrachtenden persönlich in die Geschichte. Außerdem erlaubt ein Close-up, den Blick auf bestimmte visuelle Details zu lenken.

- NEGATIVRAUM
  Im Gegensatz zum rahmenfüllenden Foto hat ein Bild mit Negativraum bemerkenswert viel leere Fläche um das Subjekt herum. Wer Negativraum in seinem Bild einbaut, betont das Subjekt, indem es dem Blick Raum zum Ausruhen gibt. Das Ergebnis ist ein visuell beruhigendes, ausgeglichenes Bild. Wenn es um das Erzählen geht, kann Negativraum genutzt werden, um ein Gefühl von Größe zu vermitteln und die Betrachtenden nah an das Bild ranzuholen, als ob sie durch einen physischen Raum reisen müssten, um beim Subjekt anzukommen.

- RAHMUNG
  Die Kunst des Rahmens ist zentral für die Fotografie. Wenn du ein Bild komponierst, kannst du nach natürlichen Rahmen Ausschau halten wie einem Fenster, einem Ast, einem Torbogen. Solch einen Rahmen um das Foto zu haben zieht den Blick automatisch auf den Fokus der Geschichte. Der offensichtlichste Rahmen ist aber nicht immer die beste Art, eine Geschichte zu erzählen. Überlege, was passiert, wenn du dein Bild anders rahmst, wenn du hinter das schaust, was als Erstes deine Aufmerksamkeit erregt hat. Die interessanteste Geschichte spielt sich nicht immer im Zentrum der Szene ab – sie kann sich auch unbemerkt an der Seite des Bildes verstecken. Wenn man den Rahmen nur ein bisschen verschiebt, erzählt man eventuell eine ganz neue Geschichte.

- AUSSERHALB DES RAHMENS
  Was außerhalb des Rahmens liegt, kann ganz genauso wichtig sein wie das, was sich auf dem Bild befindet. Zum Beispiel das Portrait einer Person, die auf einen Punkt starrt, der sich außerhalb des Bildes befindet, eine Straße, die ihren Weg aus dem Foto hinaus windet, ein Objekt, das nur teilweise vom Bild eingefangen ist. Elemente wie diese deuten eine Geschichte an, die größer ist als die Begrenzungen des Fotos, und ermutigen die Betrachtenden, ihre Fantasie zu benutzen, um sich vorzustellen, was außerhalb des Bildes passiert.

Komponiere ein Foto, das eine Geschichte erzählt, die eine oder mehrere dieser fotografischen Kompositionstechniken benutzt. Denke darüber nach, welche eine Emotion oder Bedeutung du beim Betrachtenden mit deiner Geschichte erreichen möchtest. Dann kombiniere eine Reihe von Bildern zu einem kurzen Foto-Essay, der verschiedene Elemente derselben Geschichte erzählt.

DEN RAHMEN NUR EIN BISSCHEN
ZU VERÄNDERN KANN ZU EINER
NEUEN GESCHICHTE FÜHREN.

aktive Teilnahme an der Geschichte: Sie nutzen ihre Fantasie, um sie zum Leben zu erwecken. Das Publikum baut die Welt unserer Geschichte in ihren Köpfen und fügt Farbe, Struktur und Licht hinzu. Genauso stellt sich das Publikum einer visuellen Geschichte Gründe oder Szenen hinter den Bildern vor. Das Feedback, das wir als Erzählende von der Zuhörerschaft bekommen, egal, ob in Form von Augenkontakt oder Körpersprache, wenn wir Freund:innen eine Geschichte erzählen, oder in Form von Kommentaren auf unsere Social-Media-Posts, erlaubt uns, unsere Geschichten und unsere Erzählungen weiter zu formen und ihnen den letzten Schliff zu geben.

Wenn wir eine Geschichte lesen oder eine Fotografie anschauen, machen wir einen imaginativen Sprung und begeben uns in sie hinein. Wir schleichen uns in die leeren Stellen, nehmen den Platz der Protagonist:in oder des Fotografierenden ein und sehen die Welt – wenn auch nur kurz – aus ihrem Blickwinkel. Das ist die Erfahrung, die ein Publikum in unseren Geschichten sucht. Wir müssen sie sanft führen und genug Platz in der Geschichte lassen, damit sie sich auf unsere Welt einlassen und hereintreten können. Wir wollen mit unseren Geschichten die Aufmerksamkeit des Publikums einfangen und halten. Die Geschichten, die wir auswählen, offenbaren uns, sowohl uns selbst als auch anderen gegenüber. Aufmerksamkeit ist im Entwicklungsprozess einer Geschichte zentral und Aufmerksamkeit zu beherrschen mag einer der evolutionären Gründe sein, wieso wir Geschichten erzählen. Professor Brian Boyd, Autor des Buches *On the Origin of Stories*, bemerkt, dass bei sozialen Tieren die Fähigkeit, in einer Gruppe die Aufmerksamkeit zu beherrschen, ihnen Status verleiht, was zu einem besseren Zugang zu Ressourcen und daher zu einer größeren Überlebenschance führt.[6] Und wie bei Scheherazade und den Geschichten von *Tausendundeiner Nacht* kann die Fähigkeit, die Aufmerksamkeit seines Publikums zu halten, indem man packende Geschichten erzählt, einst den Unterschied zwischen Leben und Tod bedeutet haben. Für uns liegt die Latte nicht ansatzweise so hoch. Nichtsdestotrotz sollten wir, genauso wie wir den intrinsischen Wert unserer eigenen Aufmerksamkeit erkennen, auch die Aufmerksamkeit anderer als etwas Kostbares ansehen. Wenn wir die Aufmerksamkeit eines Publikums anziehen und behalten möchten, müssen ihnen unsere kleinen Geschichten im Gegenzug etwas von Wert bieten.

KAPITEL 7: THE POWER OF STORY

Die bemerkenswerte menschliche Fähigkeit, sich das Verhalten anderer Menschen vorzustellen, es vorherzusagen und zu interpretieren, bezeichnen Psycholog:innen als »native Theorie«, eine Fähigkeit, die für das Erzählen von Geschichten essenziell ist. Indem Geschichten uns befähigen, die Perspektiven anderer in Betracht zu ziehen und zu erforschen, nutzen und entwickeln sie unsere Fähigkeit zur Empathie. Dies erlaubt uns, in ihr imaginatives Reich zu reisen, und es ist dies, was die Beziehung zwischen Erzähler:in und Publikum ausmacht. Wir mögen uns automatisch zu Autor:innen mit ähnlichem Hintergrund oder Bezugsrahmen hingezogen fühlen, weil sich die Details und Assoziationen in ihren Geschichten vertraut und verständlich anfühlen. Aber Geschichten ermöglichen uns auch, eine Verbindung mit Leuten zu knüpfen, deren Erfahrungen von den unseren abweichen. Sie bieten uns die Chance, mit Menschen aus ganz anderen Backgrounds mitzufühlen und uns mit ihnen zu verbinden. Geschichten, sagt Diana Evans, »zeigen uns unser Selbst und öffnen uns Fenster für andere Bilder und Leben«.[7] Wenn wir unsere kleinen Geschichten teilen und uns mit verschiedenen Erzähler:innen auseinandersetzen, können Geschichten unsere Empathie fördern und uns zusammenbringen. »Die Magie von Geschichten«, schreibt Will Storr, »liegt darin, dass sie Kopf und Kopf auf eine Art miteinander verbinden können, wie es nicht einmal die Liebe vermag.«[8]

Geschichten sind eine Kraft für das Gute, aber Geschichten können auch genutzt werden, um zu kontrollieren und zu unterdrücken. Der Ausdruck »die Erzählung kontrollieren« bezieht sich darauf, bewusst die Art zu manipulieren, wie die Geschichte eines bestimmten Events, einer Person oder Situation dargestellt wird. In ihrem TED Talk aus dem Jahr 2009, »Die Gefahr der einen einzigen Geschichte«, erklärt die Autorin Chimamanda Ngozi Adichie, dass Geschichten mit Macht verbunden sind, die sie als die »Fähigkeit, nicht nur die Geschichte einer anderen Person zu erzählen, sondern sie zu der bestimmenden Geschichte dieser Person zu machen« beschreibt. Eine Person oder ein Volk auf eine einzelne Geschichte zu reduzieren ist gefährlich und schädlich: Es schafft Stereotype und betont Unterschiede. Adichie argumentiert, dass Geschichten stattdessen »Kraft geben und humanisieren« sollten. Sie sagt, dass »viele Geschichten zählen«. Menschen haben viele Facetten und wir alle setzen uns aus vielen verschiedenen Geschichten zusammen.[9] Sich mit anderen zu verbinden und ihre ganze und gleichwertige Humanität anzuerkennen, bedeutet, sich mit den vielen unterschiedlichen Geschichten auseinanderzusetzen, die andere zu der Person machen, die sie sind. Gleichzeitig tragen wir eine ganze Palette an Geschichten bei, die uns zu der Person machen, die wir sind. Die Möglichkeit, deine Geschichte mit deiner eigenen Stimme zu erzählen, ist an sich schon eine Freiheit und ein Privileg. Der Raum zum Geschichtenerzählen muss für alle geöffnet werden. Es ist wichtig, dass wir – während wir unsere eigenen Geschichten erzählen – uns auch die Zeit nehmen, zuzuhören und die Stimmen anderer zu teilen, besonders derer, deren Stimmen nicht groß gehört werden.

Es gibt immer mehr als einen möglichen Weg, eine Geschichte zu erzählen, egal welche, und eine Frage, die wir uns stellen sollten, lautet – von all den Geschichten, die wir hören und erzählen: »Wieso diese bestimmte Geschichte, wieso auf diese bestimmte Art?« Wahrheit (nicht Manipulation oder Kontrolle) sollte im Herzen dieser Geschichte stehen. Jede Geschichte hat eine Bedeutung oder eine zugrundeliegende Botschaft – ob absichtlich oder nicht. Wie Literaturstudent:innen wissen, können Geschichten viele mögliche Bedeutungen haben, versteckte Tiefen bergen und verschiedene Interpretationen zulassen. Biografisches ist wie Fiktion eine literarische Form und unsere eigenen kleinen Geschichten sind so etwas wie biografische Schnipsel, sie sind narratives Schreiben auf der Basis unserer persönlichen Erinnerungen. Aber eine Biografie ist weit mehr als ein direktes faktisches Nacherzählen von Ereignissen. Als Erzählende können wir vom biografischen Schreiben lernen, dass es nicht immer reicht, einfach nur zu erzählen, was passiert ist. Biografisch Schreibende blicken zurück auf Ereignisse aus der Distanz der Zeit, mit dem Vorteil des Rückblicks, um nuanciert zu erzählen. So können sie aus Ereignissen der Vergangenheit lernen und Sinn aus ihnen ziehen. Sie können das beim Schreiben vermitteln, indem sie etwas nutzen, was man eine reflektierende Stimme nennt. Sätze beginnen dann mit Wörtern, wie »ich glaubte«, »ich lernte«, »ich verstand«. Das ist eine Technik, die wir bei unserem eigenen Erzählen übernehmen können. Die reflektierende Stimme zu nutzen, wenn du deine eigenen kleinen Geschichten erzählst, wird deine persönliche Erzählstimme bereichern. Deine Interpretation der Ereignisse zu erzählen lädt Lesende dazu ein, sich dir näher zu fühlen. Die reflektierende Stimme ist eine Technik, die uns erlaubt, Dinge aus einer wohlüberlegten Perspektive zu erzählen, die Bedeutung dahinter zu verstehen und diese Interpretationen den Lesenden und uns selbst gegenüber zu versprachlichen.

WENN WIR EINE GESCHICHTE LESEN
ODER EINE FOTOGRAFIE ANSCHAUEN,
MACHEN WIR EINEN IMAGINATIVEN SPRUNG
UND BEGEBEN UNS IN SIE HINEIN.

SCHREIBÜBUNG

Über das Schreiben mit der reflektierenden Stimme

- Verfasse einen kurzen Text über eine kleine Geschichte deines Lebens. Schreibe auf möglichst einfache Art auf, was passiert ist.

- Schreibe die gleiche Geschichte um und erzähle sie aus dem Blickwinkel der Erfahrung. Berücksichtige, was du heute weißt, das du damals nicht wusstest. Welche Zusammenhänge sind dir im Rückblick klar geworden? Welche Gründe siehst du für die Ereignisse, die stattgefunden haben? Was waren die Konsequenzen dieser Ereignisse? Was hast du aus ihnen gelernt? Was hast du als Resultat daraus anders gemacht? Wenn du die Geschichte erzählst, schreibst du jetzt aus einem Blickwinkel des Verstehens, vielleicht sogar der Weisheit. Kannst du die Ereignisse auf eine Art interpretieren, dass sie bei dir und den Lesenden zu einer Erkenntnis führen?

- Lies noch einmal beide Versionen der Geschichte. Wie unterscheiden sie sich? Gibt es irgendwelche Elemente dieser reflektierenden Stimme, die du in zukünftigen kleinen Geschichten wiederholen könntest?

KAPITEL 7: THE POWER OF STORY

Ereignisse mit Erkenntnissen zu verbinden, indem man mit reflektierender Stimme schreibt, gibt einer Geschichte Tiefe und Bedeutung. Es zeigt mehr von der Wahrheit im Kern der Geschichte. Indem wir unsere kleinen Geschichten erzählen, wird die Veränderung, die jede Geschichte antreibt, etwas offenbaren. Veränderung kann sich in einer Wahl, die wir getroffen, einer Lektion, die wir gelernt, einem Gefühl, das wir empfunden haben, oder in einem überstandenen Konflikt ausdrücken. Wenn wir einen reflektierenden Ansatz für unser Erzählen wählen, berücksichtigen wir nicht nur, worin die Veränderung besteht, sondern auch, was wir daraus gelernt haben. Die Bedeutung einiger kleiner Geschichten deines Lebens zu verstehen kann dich einen Schritt weiterbringen, was das Verständnis der Bedeutung deines Lebens allgemein betrifft. Wir hinterfragen unsere Geschichten, und im Gegenzug stellen uns unsere Geschichten Fragen. Die geflüsterte Rückfrage im Zentrum jeder Geschichte lautet: »Wer bin ich?« Wir erzählen unsere Geschichten, um unser Leben und uns selbst zu verstehen. Geschichten helfen uns dabei, unseren besonderen Platz im Leben zu begreifen und die Distanz zwischen der äußeren und unserer inneren Welt zu verstehen. Eine Geschichte ist ein Mittel, mit dem wir unsere Entscheidungen und Motivationen erforschen und eine Interpretation eines bestimmten Moments oder Ereignisses herauskristallisieren können. Die Geschichten, die wir uns entscheiden zu erzählen, und unser Prozess, wie wir sie erzählen, zeigen: uns. Die narrative Reise einer jeden Geschichte führt zu der Suche der Hauptfigur nach sich selbst. Indem wir unsere eigenen Geschichten erzählen, wird diese Reise sehr persönlich. Unsere Geschichten sind vielleicht kurz, aber sie haben Stärke und Unmittelbarkeit. Sie erzählen uns etwas darüber, wer wir wirklich sind.

Menschen sind von Geschichten fasziniert. Wir konsumieren und analysieren sie, nehmen sie auseinander und versuchen, sie zu manipulieren und zu erklären. Und doch lassen sie sich schlecht quantifizieren. Ihre Essenz ist irgendwie unergründlich. Die Macht von Geschichten umgibt uns permanent, Geschichten sind überall. Alles, was wir sagen und tun, ist von Geschichten berührt. Sie fesseln uns und oft erfreuen sie uns, wir werden von ihnen angezogen und tauchen regelmäßig in sie ein, aber wir verstehen sie immer noch nicht genau. Geschichten sind faszinierend unkenntlich und von unerklärlichem Zauber. Unsere kleinen Geschichten zu erzählen ist ein Weg, sich auf diese geheimnisvolle Kraft einzulassen und sie in unserem Leben zu nutzen.

GEHEIMNISSE DES GESCHICHTENERZÄHLENS

Interview mit Bobette Buster

Ich habe Bobette Buster, die als Schriftstellerin, Produzentin, Beraterin, Dozentin, Drehbuchschreiberin und Story Guru tätig ist, interviewt. Sie hat mit mir über Videocall aus ihrem Zuhause in Los Angeles gesprochen und war extrem bereitwillig und offen, ihre Weisheit zu teilen. Nachdem ich Bobettes Bücher verschlungen hatte, war ich sehr neugierig, mehr über ihren nachdenklichen und einfühlsamen Ansatz herauszufinden. Darüber haben wir gesprochen:

Glaubst du, dass unsere Geschichten uns widerspiegeln, dass sie uns etwas über uns erzählen, was wir vorher noch nicht gesehen haben?

Ich habe festgestellt, dass unsere Geschichten *uns* erzählen. Wer wir sind. Wenn wir über das Erzählen von Geschichten nachdenken, denken wir, wir richten uns nach außen, aber wenn man wirklich zuhört – *wieso* erzählst du diese Geschichte? Die Leute zeigen etwas über sich.

Ich glaube, wir leben alle an der Oberfläche des Lebens. Wir skaten so entlang und versuchen, von einer Sache zur nächsten zu kommen, aber es gibt eine riesige Unterströmung, die uns zu erreichen und zu vollem Bewusstsein zu bringen sucht. In meinen Erzähl-Workshops habe ich immer wieder festgestellt, dass die Leute anfangs nicht zugehört haben, was ihre Geschichte ihnen erzählte. Deine Geschichte zu erzählen führt dich auf eine innere Reise. Das stelle ich immer wieder fest.

Kannst du mir etwas über das »leuchtende Detail« erzählen?

In meinem Buch benutze ich diesen Begriff, das *leuchtende Detail* ... Es ist ein irischer Begriff. Man bekommt die ganze Welt in einem Detail. Ich habe noch nie gesehen, dass es nicht funktioniert. Alle, die eine Geschichte erzählen, machen diese Geschichte an einem Detail fest. Es kann ein Geruch oder ein Klang sein oder die Erinnerung an einen Geschmack. Manche Leute sind sehr haptisch, wenn sie etwas beschreiben. Wir haben alle einen Sinn, an dem wir uns besonders orientieren. Ich liebe es, die Geschichten anderer Leute zu hören, vor allem wenn wir die gleiche Erfahrung gemacht haben (worin auch immer diese besteht) – sie spiegeln immer eine andere Dimension dieser Erfahrung wider. Wenn du langsam machst und dir erlaubst, den Moment zu erleben, was immer dich anzieht – dann vergrößerst du die Aufmerksamkeit darauf. Das ist es, was eine Verbindung zu anderen Leuten schafft.

Du sprichst darüber, das Außergewöhnliche im Gewöhnlichen zu sehen. Glaubst du, dass der Schlüssel dazu darin liegt, anzuhalten, zuzuhören und sich die Zeit zu nehmen, Sachen zu bemerken?

Ich glaube, dass es wirklich die Meditation des Lebens ist, langsamer zu werden und im Augenblick anwesend zu sein. Jeder Tag präsentiert uns etwas Wunderschönes. Wir leben alle solch hektische Leben, wir sind stets dabei, zu multitasken, in unseren Köpfen und anderswo – wir sind ungeduldig. Jeder Tag schreit uns an, aufzuhören und aufmerksam zu schauen, und dann werden wir wiederhergestellt. Ich glaube, dass wir permanent dazu aufgerufen werden, uns wieder instandzusetzen, zu pausieren.

Ich erinnere mich an einen Tag, als ich in Haight-Ashbury war, einer geschäftigen Straße in San Francisco. Über die Straße krabbelte eine große Raupe mit einem goldenen Streifen auf dem Rücken. Jede Minute würde sie zerschmettert werden, daher hielt ich an, nahm sie hoch und brachte sie in einen Park ins Gras. Meine Freund:innen lachten, aber als ich nach Hause kam, schlug ich die Raupe nach und stellte fest, dass sie ein riesiger Nachtfalter mit ganz besonderen Markierungen werden würde. Ich hatte einfach auf meinem Weg angehalten und mit einem Wesen interagiert.

Wir erhalten andauernd die Gelegenheit, ein mehrdimensionales Leben zu führen. Das Leben flüstert dir meistens zu, klopft dir auf die Schulter, manchmal schreit es dich an. Es gibt verschiedene Level sensorischer Erfahrung, aber wir zwingen uns in eine sehr enge Bandbreite. Deswegen müssen wir langsamer werden, weil wir tatsächlich in einer schrecklich engen Dimension leben. Unsere kleinen Geschichten vergrößern unsere Fähigkeit, uns auszubreiten – und sei es nur für einen kleinen Moment – zu einer größeren Dimension des Lebens.

Du bittest die Menschen, den Details Aufmerksamkeit zu widmen. In den Details blüht die Geschichte richtig auf. In Filmen schwenkt man dann auf Nahaufnahmen. Du nimmst bestimmte Details und vergrößerst sie, sodass das Publikum sie sehen kann. Du pflanzt diese Details an verschiedenen Stellen in der Geschichte, sodass sie emotionale Bedeutung entwickeln.

Was würdest du jemandem sagen, der das Gefühl hat, dass seine Geschichte nicht erzählenswert sei?

Ich glaube daran, dass jede einzelne Person eine Geschichte zu erzählen hat und dass, wenn sie sie erzählt, es für das Wohl der Allgemeinheit ist – sie bringt das Allgemeinwohl voran. Die Geschichte des Geschichtenerzählens ist, dass es Leute gibt, die *eine* Geschichte erzählen und dann mit erhobenem Zeigefinger anderen Leuten sagen: »Wage es ja nicht, *deine* Geschichte zu erzählen.«

Wenn Leute sagen: »Ich hab keine Geschichte zu erzählen. Wieso sollte sich irgendjemand interessieren?« ... Sobald du ein Licht auf deine Wahrnehmung wirfst, werden sich Leute interessieren. Das verspreche ich. Es werden sich Leute interessieren. Vielleicht nicht in deinem inneren Zirkel, vielleicht nicht in deiner Community, aber deswegen ist Social Media ja so genial.

Was ist dein Rat bezüglich des Geschichtenerzählens auf Social Media?

Ich rede darüber in meinem TED Talk *The Radical Act of Storytelling*. Ich denke, was das Geschichtenerzählen betrifft, gibt es eine Fähigkeit und es gibt Handwerkszeug. Manche Leute sind naturbegabt, die meisten Leute müssen es lernen. In meinem Buch *Story – Wie man eine Geschichte richtig erzählt* formuliere ich zehn Prinzipien des Geschichtenerzählens. Es gibt eine Erzählstruktur, die zeitbasiert ist: Denke an den Rhythmus von Musik.

Wenn du wirklich kommunizieren willst, musst du kurz und prägnant sein, und das ist ein Handwerk, das man lernen und in dem man gut sein kann. Wenn du mir etwas erzählen willst, was du bemerkenswert findest, musst du darüber nachdenken, wie du meine Aufmerksamkeit bekommst.

Ein Grund, wieso mich das Geschichtenerzählen interessiert, ist die Verbindung zur Familie – die Idee, dass wir von den Geschichten der vorangegangenen Generationen lernen und unsere eigenen Geschichten an die nächste Generation weitergeben. Was denkst du, ist wichtig daran, Geschichten für die Zukunft festzuhalten?

Das ist etwas, was mir sehr am Herzen liegt. Mein großes Glück war, dass ich aus einer Community von Geschichtenerzähler:innen komme. Wir haben uns versammelt, Zeit füreinander genommen, wir waren respektvoll den Älteren gegenüber und hörten ihnen zu. Die Art, wie sie Geschichten erzählten, war absolut faszinierend. Wenn Leute, die du kennst und liebst, echte Not und Welterlebnisse erlebt und überlebt haben und aufgeblüht sind, dann stärkt es einen, weil du dir vorstellst, wie du dasselbe tust. Außergewöhnliche Momente passieren in gewöhnlichen Geschichten. Das ist der Stoff des Lebens.

Wie können wir uns als Erzählende mit unserem Publikum verbinden?

Ich denke, wir sollten nie die Kraft persönlicher Leidenschaft unterschätzen. Was uns ultimativ mit anderen Menschen verbindet, ist der Zündfunke Freude. Du denkst vielleicht nicht, dass du an der Leidenschaft von jemand anderem interessiert bist, aber wie sie darüber erzählen – das Leuchten in ihren Augen, die Details, die Freude, mit der sie obskure Details in ihre Geschichte aufnehmen ... während du zuhörst, wirst du zu einer besseren Person. Du verbindest dich mit ihnen durch deine Vorstellungskraft und sie lassen dich eine Erfahrung sehen – eine Welt –, die du ansonsten nie kennengelernt hättest. Teilzuhaben an der Liebe zu ihrer Leidenschaft schafft Gemeinschaftlichkeit. Es ist ein einzigartiger Moment für euch beide. Wenn du der Geschichte einer Person zuhörst und dich in ihre Leidenschaft hängst, dann verknüpfst du deine Gefühle mit ihren.

Das Geschichtenerzählen schafft Community – du reichst den Taktstock von einer Person an die nächste, von einer Generation an die nächste:

»Schau hin, ich gebe dir etwas. Hier ist etwas Wundervolles.«

Kleine Geschichten anfertigen

KAPITEL 8: KLEINE GESCHICHTEN ANFERTIGEN

Eine Geschichte muss nicht dramatisch sein, um Kraft zu haben.

Der Zauber von Geschichten liegt nicht ausschließlich in kompliziert konstruierten Romanen oder epischen Filmen. Kleine Geschichten – deine kleinen Geschichten – können ebenfalls geheimnisvolle Kraft ausstrahlen. Der Zauber beginnt, wie die Geschichte selbst, mit dem Anfang. Wenn du eine Geschichte über dich selbst erzählst, öffnest du automatisch ein Fenster in dein Leben und lädst dein Publikum ein, einen Blick hineinzuwerfen. Ob dieses Publikum ein:e Freund:in, dein zukünftiges Ich oder Social-Media-Follower sind, deine Geschichte ist eine Einladung, ein flüchtiger Blick darauf, was es bedeutet, du zu sein. Eine Geschichte ist ein geheimnisvolles Portal, das eine Verbindung zwischen dem Hirn des Erzählenden und dem beziehungsweise denen des Publikums schafft. Es ist die Fähigkeit einer Geschichte, uns auf diese Weise mit anderen zu verbinden, was sie so stark macht. Wir können die Kraft der Geschichten durch das Erzählen unserer eigenen kleinen Geschichten, der unseres Lebens, nutzen.

Stell dir vor, du triffst jemanden zum ersten Mal. Wie würdest du die erste Geschichte, die du über dich erzählst, wählen – die Geschichte, die am besten repräsentiert, wer du bist? Es gibt nicht die eine richtige Antwort auf diese Frage und natürlich sollte die Wahl deiner Geschichte davon abhängen, wen du triffst und in welchem Kontext du die Person triffst. Es gibt, wie wir wissen, manche Lebensgeschichten, die wir immer wieder erzählen. Wir sind gut darin, diese Geschichten vom letzten Mal, als sie erzählt wurden, aufzugreifen und ihre Feinheiten zu perfektionieren, wenn wir sie ein weiteres Mal erzählen. Wir wissen intuitiv, wie wir Geschichten erzählen – wir haben es unser Leben lang gemacht –, aber wenn wir uns bewusster mit dem Prozess des Geschichtenerzählens auseinandersetzen wollen, können wir uns diese klassischen Informationsfragen stellen:

Wem erzähle ich meine Geschichte?
Welche Geschichte erzähle ich?
Wieso habe ich diese Geschichte ausgewählt?
Wo und *wann* spielt meine Geschichte?
Wie will ich meine Geschichte erzählen?

Die erste dieser Fragen setzt sich mit dem beabsichtigten Publikum deiner kleinen Geschichte auseinander. Wenn du deine Geschichte in ein Tagebuch schreibst, dann ist dein beabsichtigtes Publikum dein zukünftiges Selbst oder vielleicht sind es eines Tages die, die dir am nächsten stehen. Wenn du dir selbst eine Geschichte erzählst, bist du dein:e eigene:r Leser:in und kannst frei deine innersten Gedanken preisgeben. Du kannst jede Geschichte so erzählen, wie immer sie sich für dich in dem Moment echt anfühlt, und vielleicht magst du ein wichtiges Detail hinzufügen, das dir in der Zukunft erlaubt, den Stoff deines jetzigen Lebens wieder hervorzurufen. Wenn du deine Geschichte zum Beispiel auf Social Media teilst, wird dein Publikum größer sein. Vielleicht hast du einen engen Kreis von Familie und Freund:innen oder du erzählst deine Geschichte öffentlich. Wenn du Social Media für dein kleines Unternehmen nutzt, stellen deine Kund:innen – jetzige und zukünftige – dein Publikum. Wenn du ein größeres Publikum hast, heißt das nicht, dass du die Geschichten nicht mit deiner Stimme erzählen solltest, sondern dass du bewusste Entscheidungen treffen solltest, wie viel du von dir selbst preisgeben möchtest. Es ist auch hilfreich, sich zu überlegen, welche deiner kleinen Geschichten für dein Publikum am faszinierendsten ist und was sie anregen wird, sich damit auseinanderzusetzen und später wiederzukommen. All diese Leserschaften sind natürlich gleich viel wert, aber es ergibt Sinn, das beabsichtigte Publikum im Kopf zu behalten und deinen Ton entsprechend anzupassen. Geschichten zu erzählen ist eine Form der Kommunikation und dein Erzählstil und deine Themenwahl werden unterschiedlich sein, abhängig davon, mit wem du kommunizierst.

KAPITEL 8: KLEINE GESCHICHTEN ANFERTIGEN

Was für eine Geschichte du erzählst, wird durch das Publikum, dem du sie erzählst, beeinflusst und auch durch den Kontext, in dem du sie erzählst. Eine im Tagebuch notierte Geschichte ist tendenziell persönlicher und nachdenklicher als eine Geschichte, die du deiner Familie per E-Mail schickst. Eine auf Social Media geteilte Geschichte trägt in sich immer das Bewusstsein, dass Wörter und Bilder, die in der Öffentlichkeit gepostet wurden, nie ganz zurücknehmbar sind. Es ist bei uns allen etwas anders, wie sehr wir bereit sind, uns online zu öffnen. Ich bin überzeugt, dass es möglich ist, einen Grad an Privatheit zu wahren, ohne die Authentizität meiner Stimme zu verlieren. Geschichten klein zu halten kann der Schlüssel sein. Ich persönlich teile für gewöhnlich nicht die wesentlichen Ereignisse meines Lebens auf Social Media oder Details zu meinen persönlichen Beziehungen. Die Einzelheiten meines Morgenlaufs, eines Kuchens, den ich gebacken, oder eines Ortes, den ich besichtigt habe, teile ich dahingegen gerne. Wenn ich diese Geschichten erzähle, beschreibe ich nicht nur die Erfahrung an sich, sondern auch meine Gefühle, die damit verbunden sind. Der Grad an Verletzlichkeit beim Erzählen auf Social Media ist für jeden anders, aber es muss nicht bedeuten, sich ganz nackt zu machen und seine Geheimnisse preiszugeben. Bedeutung kann daher kommen, den Leser:innen einen Einblick in die Momente zu geben, die einen zum Strahlen bringen. Wenn eine Geschichte dir etwas bedeutet, dann kann sie auch für dein Publikum etwas bedeuten – die Intensität deines Gefühls wird sie mittragen. Wähle kleine Geschichten aus, die emotional nachhallen, indem du nach Momenten suchst, die wirkmächtig in ihrer Bedeutung sind oder eine innere Leuchtkraft ausstrahlen, Augenblicke, die dich leuchten lassen.

Wenn du über deine Gründe nachdenkst, eine Geschichte auszuwählen, die du erzählen willst, bekommst du ein Verständnis dafür, was diese Geschichte für dich bedeutet. Hier ist zum Beispiel eine Geschichte von mir aus dem Sommer vor ein paar Jahren:

> *Sommernebel – so rar, so vergänglich, so kühl und beruhigend. Ich war dabei, meine Haare zu föhnen, als mein Mann die Vorhänge aufzog und mir zurief: »Es ist neblig im Wald!« Die Nachricht einer Freundin pingte dasselbe: »Hast du diesen Wald gesehen?« Wir hatten noch ein bisschen Zeit, bevor die Schule begann, und so machten die Kinder und*

ich einen Umweg. Sie rannten die Pfade entlang und riefen: »Hier lang, Mama. Hier gibt's Nebel«, während ich schnell Bilder schoss und die silbrige Luft wie Balsam auf meiner Haut spürte. Die Zeit tickte, wir verabschiedeten uns von den Bäumen und Feldern und eilten zum Schultor. Im Gepäck hatten wir eine morgendliche Ruhe, die uns den ganzen Tag wie ein Glücksbringer begleitete.

Ich habe genau diese Geschichte ausgewählt, denn ich wollte das Wunder dieses kurzen Moments festhalten. Ich schrieb den Text am selben Tag und teilte ihn auf Instagram mit einem Bild aus dem nebligen Wald. Meine Kinder waren schon in der Schule und der flüchtige Nebel war verblasst. Es war der letzte Sommer meines ältesten Sohnes an der Grundschule und ich wusste, dass die Morgen demnächst anders aussehen würden. Spontane Abenteuer würden keine Option mehr sein. Ich wollte an diesem Gefühl von Freiheit so lange wie möglich festhalten. Diese kleine Geschichte war eine Art Lesezeichen – eine Erinnerung, zu der ich zurückkehren konnte. Meinem Publikum hoffte ich mit dieser Geschichte die Essenz dieser Erfahrung zu kommunizieren und meinem Mann und meiner Freundin (die beide um meine Leidenschaft, Nebel zu fotografieren, wissen) wollte ich sagen, wie sehr ich es schätze, dass sie uns durch ihr Mitdenken dieses Abenteuer ermöglicht haben. Am meisten hielt ich all dies für mein zukünftiges Selbst fest. Ich wusste, dass die Fotos, die ich an diesem Morgen gemacht hatte, mich an diesen Augenblick erinnern würden, aber ich verband die Fotos mit Worten, damit ich mir sicher war, dass ich das Gefühl wieder hervorrufen kann, wie sich der Nebel auf meiner Haut anfühlte und wie enthusiastisch meine Kinder waren und wie das Echo ihrer Stimmen zwischen den Bäumen hallte. Für mich bedeutet diese kleinste Geschichte etwas viel Erhabeneres als die Geschichte an sich. Sie steht für Freiheit, Schönheit, Freundschaft und Liebe.

Die vierte unserer Fragen (Wann und wo spielt die Geschichte?) blickt auf den Kontext. Beim Erzählen ist der Kontext zentral. Wenn du dich erinnerst: Jede Geschichte lässt sich zusammendampfen auf »irgendwo, irgendwann änderte sich irgendwas«. Zwei dieser drei Elemente sind Kontext. Dein Publikum muss wissen, wann und wo die Geschichte spielt. Es braucht dafür keinen »Es war einmal vor langer Zeit«-Ansatz und explizites Erzählen der Zeit. Du kannst Hinweise einstreuen, die zeigen, wann und wo die Geschichte spielt. In meiner

kleinen Geschichte wissen wir, dass sie an einem Sommermorgen stattfindet. Ich erwähne die Jahreszeit im ersten Satz (um den Seltenheitsfaktor des Nebels zu etablieren). Die Tageszeit lässt sich aus der Tatsache herauslesen, dass ich dabei war, mein Haar zu föhnen (zumeist eine morgendliche Aktivität), kombiniert mit der Angabe, dass die Aktion »vor der Schule« stattfand. In der letzten Zeile bestätige ich dies, indem ich über die »morgendliche Ruhe« schreibe. Der Ort meiner Geschichte beginnt zu Hause (»Ich war dabei, meine Haare zu föhnen, als mein Mann die Vorhänge aufzog«), verlagert sich dann in den Wald und endet schließlich am Schultor. Die *Veränderung* in dieser Geschichte entsteht durch das Wetter (unerwarteter Nebel), das einen gewöhnlichen Morgen in ein spontanes Abenteuer verwandelt. Damit sich das Publikum mit deiner Geschichte auseinandersetzen kann, sollte sie in einer Zeit und an einem Ort verwurzelt sein. Dafür braucht es keine langen Beschreibungen, nur ein paar sorgfältig gewählte Worte. Wenn du unsicher bist, ob deine Geschichte Kontext hat, lies sie nochmals und überprüfe, ob für Lesende das Wann (Tageszeit, Jahreszeit oder Zeitpunkt in deinem Leben) und das Wo (der Ort), an dem das Ganze spielt, klar sind.

Wenn du dich fragst, wie du deine Geschichte erzählen willst, ist das eine Gelegenheit, dir ein paar hilfreiche Techniken anzuschauen. Wie gesagt, eine Geschichte entsteht aus einem Moment der Veränderung, ob extern (ein Ereignis) oder intern (eine Veränderung im Denken oder Fühlen). Diese Veränderung kann, wie in meiner Geschichte, eine Erfahrung oder Enthüllung sein, aber sie kann auch die Form eines Konfliktes annehmen. Fiktionale Geschichten enthalten für gewöhnlich eine Art von Konflikt, oft zwischen der Hauptfigur und einem anderen Charakter, der Gesellschaft oder sogar der Natur. Auch wenn es natürlich möglich ist, dass unsere kleinen Geschichten Konflikte mit anderen beinhalten, so ist Konflikt in einer kleinen Geschichte meist eher interner Natur: die Spannung zwischen den gegensätzlichen Elementen unseres Selbst. Wir können uns auch im Konflikt mit der Natur befinden, wenn unsere kleinen Geschichten eine Art alltäglichen Kampf beinhalten, wie plötzlich vom Regen erwischt zu werden. Wenn ich eine kleine Geschichte schreibe, weiß ich manchmal am Anfang noch nicht, worin die Veränderung besteht. Das kann daran liegen, dass die Veränderung in mir passiert und sie mir erst deutlich wird, wenn ich später noch einmal zu der Geschichte zurückkehre.

KAPITEL 8: KLEINE GESCHICHTEN ANFERTIGEN

*A*ls ich achtzehn Jahre alt war, verließ ich mein Zuhause, stieg in ein Flugzeug und unterrichtete ein Jahr lang Englisch in Thailand. Ich hatte nicht mehr mitgenommen, als ich in einen Zwanzig-Kilo-Rucksack quetschen konnte. Jedes einzelne Teil verdiente sich seinen Platz in meinem Gepäck – Kleidung, Shampoo, Malaria-Tabletten, meine Kamera und ein leeres DIN-A4-Notizbuch aus Hartpappe, über und über beklebt mit einem bunten Patchwork an Bildern. Dieses Notizbuch war mein Tagebuch und ich schrieb darin wirklich täglich. Wenn die Seiten voll waren, kam ein neues und wieder neues Notizbuch an die Reihe, immer mit einem neuen Patchwork-Cover, und die Seiten füllten sich mit meinem enthusiastischen Geschreibsel.

Damals hatte ich noch keine E-Mail-Adresse, geschweige denn Social Media – es waren nur ich, meine Kamera, mein Stift und Seite über Seite leeren Papiers. Die Wörter flossen nur so aus mir heraus an den dunstigen Abenden in dem Zimmer, das ich mir mit meiner Freundin Annie teilte. Wir saßen schreibend zusammen, im Schneidersitz auf dem Holzboden, beide versuchten wir auf unsere eigene Art, die Wunder dieser Tage der weit aufgerissenen Augen festzuhalten. Am Ende des Jahres packte ich meinen Stapel Tagebücher, der jetzt viel zu schwer für den ramponierten Rucksack war, in eine Kiste, die ihren Weg nach England über das Meer machte, die Geschichten meines Jahres in der Hand der Post. Als ich zu Hause ankam, fand ich die Kiste auf dem Fußboden meines Zimmers, mit Macken und Kratzern, aber intakt.

Als ich ein paar Jahre später durch die Tagebücher blättere, lese ich nur ein paar Sätze:

*D*ie Luft ist schwer und honigfarben und macht alles Kantige weich. Die Räder meines Fahrrads fliegen in der Stille.

Sofort erinnere ich mich an eine lange ruhige Straße, trocken und voller Jasminduft, flankiert von einer alten Tempelruine im Vorort einer kleinen thailändischen Stadt. Eine Straße, die ich mit neunzehn jeden Tag entlanggeradelt bin. Ich denke daran, wie es ist, so erfüllt vom Spirit einer Stadt zu sein, dass sie noch Jahrzehnte später in deinen Träumen nachhallt. Ich erinnere mich an die scheinbar endlos aufregenden Tage, an denen das Alltägliche und das Magische sich so miteinander verbunden anfühlten, und ich bin der jungen Frau, die ich damals war, so dankbar, dass sie sich die Zeit genommen hat, ihre kleinen Geschichten mit Worten festzuhalten, wie Insekten in Bernstein, sodass ich sie ein halbes Leben später aufgreifen und wieder erleben durfte.

Auch die kleinste Geschichte hat einen Anfang, einen Mittelteil und ein Ende. Wie wir im siebten Kapitel gelernt haben, erlaubt eine kleine Geschichte keine langatmige Einleitung. Ein Satz oder höchstens zwei, um den Kontext zu verdeutlichen, und dann sollte einen eine kleine Geschichte direkt in das Schlüsselerlebnis oder den Moment der Veränderung ziehen. Der Mittelteil einer kleinen Geschichte muss dieses Momentum aufrechterhalten, die Elemente der Geschichte verweben und die Handlung Richtung Ende bringen. Damit gibt es am Schluss ein bisschen Platz und Gelegenheit, die emotionale Bedeutung der Geschichte zu reflektieren. Die abschließenden Sätze lassen sich nutzen, um den Effekt, der durch die Veränderung im Herzen der Geschichte geschaffen wurde, anzudeuten – wie die Welt jetzt anders ist oder du als Erzählende:r dich verändert hast. Eine befriedigende Möglichkeit, eine Geschichte zu Ende zu bringen, ist, ein Echo zum Anfang zu schaffen, ob durch den Kontext, ein Ereignis, ein Bild oder eine Wortwahl. Selbst eine kleine Geschichte kann ein wiederkehrendes Motiv haben – ein Bild oder eine Idee, die im Laufe der Erzählung wiederholt wird. Ein einfacher Weg, das zu erreichen, ist, am Ende der Geschichte auf eine Art den Anfang zu reflektieren. Das befriedigt unsere natürliche menschliche Suche nach Mustern und hebt den wesentlichen Aspekt der Veränderung hervor. Auch wenn die Geschichte zyklisch ist und wir zum Anfang zurückkehren, so hat sich doch etwas – oft wir selbst – im Laufe der Reise verändert.

Auch wenn die kleinsten Geschichten einen einfachen narrativen Rahmen haben, können sie sowohl bei Prosa als auch bei Lyrik Anleihe machen. Wie ein Gedicht umfasst eine kleine Geschichte ein Gefühl oder eine Erfahrung mit einer minimalen Anzahl an Worten. Dies ist eine unmittelbare, konzentrierte Art des Geschichtenerzählens. Die kleinen Geschichten unseres Lebens passen nicht in einen Plot, sie sind kurz und oft impressionistisch: eine Aufnahme von Gedanken, Ereignissen und Sinnen. In einer kleinen Geschichte können Bilder zusammengewürfelt und beschreibende Worte genutzt werden, die das

KAPITEL 8: KLEINE GESCHICHTEN ANFERTIGEN

Publikum mit Dringlichkeit anziehen. Es gibt eine geschriebene Struktur, aber es können auch Löcher, Andeutungen und unbeantwortete Fragen auftauchen. Wenn wir unsere kleinen Geschichten in unser Logbuch notieren, erlaubt uns das, mit einem Gefühl von Freiheit an die Sache zu gehen und frei mit Worten zu experimentieren. Es gibt keine falsche Art, deine kleinen Geschichten zu erzählen, denn sie gehören dir. Die beste Inspiration zum Schreiben ist zu lesen und Gedichte können Erzählenden eine Menge bieten. Wenn du normalerweise keine Gedichte liest, öffne doch mal einen Gedichtband oder finde ein Gedicht online. Wie ein Gedicht kann eine kleine Geschichte verschiedene Ebenen an Bedeutung haben. Es gibt eine einfache, oberflächliche Bedeutung, aber außerdem kann es auch eine tiefere Bedeutung geben. Diese tiefere Bedeutung ist, was die Geschichte dir über dich erzählt. Sie kann auch eine Wahrnehmung von Allgemeingültigkeit beinhalten, die anderen Leuten ermöglicht, sich mit deiner kleinen Geschichte zu identifizieren und etwas von ihr mitzunehmen, was mit ihrer eigenen Erfahrung einhergeht.

Menschen reagieren positiv auf Muster beim Geschichtenerzählen – Elemente, die sich wiederholen, eine Wiederkehr zum Anfang oder eine vorhersehbare Form –, aber wir springen auch auf Kontraste an. Gegenüberstellungen sind eine Technik, die von Künstler:innen aller Genres angewandt wird. Sie besteht daraus, Elemente als Paar nebeneinanderzustellen, um ihre Unterschiede hervorzuheben und Kontrast zu schaffen. In puncto Erzählung bedeutet das, zwei gegensätzliche Ideen oder Elemente zusammenzubringen. In einer geschriebenen Geschichte kannst du Settings gegenüberstellen (wie drinnen und draußen), Charakterzüge (wie Freundlichkeit und Selbstlosigkeit), Bilder (wie einen neuen und einen alten, verbeulten Hut) oder Konzepte (wie Freiheit und Beschränkung). Gegenüberstellungen sind normalerweise nicht offensichtlich – du brauchst sie nicht aktiv zu erklären, aber du kannst zwei verschiedene Einheiten in deine Geschichte weben und der Vergleich passiert ganz von allein. Gegenüberstellung kann ein ganz besonders effektives visuelles Tool sein. Nimm dir Zeit, kreative Ideen auszuprobieren und mit Gegenüberstellung in der Fotografie zu arbeiten. Stelle zum Beispiel natürliche Objekte einem menschengemachten Umfeld gegenüber (oder umgekehrt), Kurven geraden Linien, Alt gegenüber Neu, Groß gegenüber Klein. Ideen für kreative Gegenüberstellungen findest du in der fotografischen Übung im vierten Kapitel. Meiner eigenen Erfahrung nach

AUCH DIE KLEINSTE
GESCHICHTE HAT EINEN
ANFANG, EINEN MITTELTEIL
UND EIN ENDE.

KAPITEL 8: KLEINE GESCHICHTEN ANFERTIGEN

reagiert ein Publikum immer besonders gut auf Bilder, die Gegenüberstellung nutzen, um eine Geschichte zu erzählen. Gegenüberstellung fasziniert uns, lässt uns anhalten und Notiz nehmen, reizt unsere Vorstellung und lässt uns einen zweiten Blick auf etwas werfen. Sie ist eine effektive Möglichkeit, seinen Bildern in einem überfüllten Social-Media-Feed zu Aufmerksamkeit zu verhelfen.

Die fünf Fragen, die wir am Anfang des Kapitels gestellt haben, lassen sich genauso für Geschichten mit Worten wie mit Bildern anwenden. Wenn du ein Foto komponierst (oder eine Reihe an Fotografien), um eine Geschichte zu erzählen, überlege genau, was deine Geschichte erzählen soll, wieso du sie erzählst und wer dein Publikum ist. Kontext ist auch beim visuellen Erzählen wichtig – er wird repräsentiert durch visuelle Hinweise, die den Ort, die Tages- und Jahreszeit establieren. In einem Foto können verschiedene Story-Elemente in Form von Details und visuellen Schichten existieren. Visuelle Schichten werden durch die verschiedenen Teile des Bildes geschaffen: den Vordergrund (nah dran, vorne im Bild), den Mittelgrund (zwischen Vorder- und Hintergrund) und den Hintergrund (weiter weg in der Distanz, hinten im Bild). Details verleihen Bedeutung und Besonderheit, wie wir gesehen haben. Manchmal führt die Komposition eines erzählenden Bildes das Auge des oder der Betrachtenden auf eine Reise durch das Bild, reist durch Schicht um Schicht oder von Detail zu Detail, geführt von der Positionierung der Objekte oder den Leitlinien des Bildes. In anderen Bildern, besonders in solchen, die Negativraum benutzen, kann die Geschichte sofort klar und visuell fesselnd sein.

Wenn du ein Bild komponierst, um die Geschichte eines Augenblicks zu erzählen, frage dich immer, wie du den Kontext der Geschichte visuell erzählen kannst und wie du dessen Bedeutung klarmachen kannst. Ich habe mir angewöhnt, mich jedes Mal, wenn ich ein Bild komponiere, zu fragen: »Was ist hier die Geschichte?« Jede Szene oder jedes Bild kann potenziell eine Geschichte erzählen, aber ich muss verstehen, was auf dem Bild passiert. Wie sind die Wetterbedingungen? Was macht das Licht? Wer war oder ist hier anwesend? Was ist passiert, bevor ich auf den Auslöser gedrückt habe? Was passiert später und warum? Ich frage mich, worum es bei diesem Bild geht. Dies bedeutet, wiederzuerkennen, was mich an dieser Szene angesprochen hat oder welches Gefühl sie genau in mir hervorruft (und auch, welche Emotion ich beim Betrachtenden

FOTOÜBUNG

Eine Stillleben-Geschichte erzählen

Manchmal sehen wir direkt vor uns eine Szene, die wir so, wie sie ist, nur festhalten müssen. Bei anderen Gelegenheiten möchten wir vielleicht ein Bild schaffen, indem wir ein Stillleben beobachten oder arrangieren, das die Geschichte eines bestimmten Augenblicks festhält. Visuelles Geschichtenerzählen ist eine Übung, die die Regeln der Komposition mit Styling und Kreativität kombiniert, um Stillleben zu kreieren, die etwas ganz Bestimmtes erzählen. Ob wir komplexe Szenen aus Vogelperspektive aufnehmen, wie auf Social Media oder in Magazinen, oder nur kleine Details verändern, bevor wir eine Alltagsvignette aufnehmen, in allen Fällen kann uns ein Verständnis der Elemente visuellen Geschichtenerzählens dabei helfen, Bilder zu schaffen, die eine Stillleben-Geschichte erzählen.

Lass dich von Stillleben aus der Malerei inspirieren und davon, wie Künstler:innen eine Szene einfangen. Du bist hier die Person, die Kunst schafft. Du hast die Freiheit, auf deine eigene Art zu schaffen und eine Geschichte mit deiner einzigartigen visuellen Stimme zu erzählen. Im Gegensatz zu einem ehrlichen Schnappschuss darfst du dir Zeit nehmen, wenn du selbst ein Stillleben erstellst. Denke darüber nach, wie du die Geschichte dieses Moments erzählst, und plane dein Foto, bevor du es aufnimmst.

- Beginne mit dem Licht. Achte darauf, wo es herkommt, wohin es fällt und wie stark es ist. Wenn du deine Objekte inszenierst, mache das mit dem Licht im Kopf. Nutze es, um die Stimmung zu beeinflussen.

- Überlege dir, was die wesentlichen Elemente im Bild sind. Erinnere dich an die Regel mit der ungeraden Anzahl – vielleicht hast du ein zentrales und ein paar untergeordnete Objekte. Jedes Element, das du einbaust, sollte einen Teil der Geschichte erzählen.

- Bedenke den Rahmen. Vielleicht arbeitest du von außen nach innen und platzierst deine Objekte so, dass sie den Blick in die Szene hineinführen.

- Mache dir Gedanken zur Balance des Bildes. Wo sind die Objekte im Rahmen positioniert? Lass deine Geschichte fließen, indem du die Betrachtenden ermunterst, sich aktiv in der Szene zu bewegen.

- Denke über den Rahmen hinaus – nutze flüchtige Blicke und zarte Hinweise, um anzudeuten, was sich außerhalb des Bildrands abspielt. Oder füge Beweise hinzu für etwas, was sich Augenblicke bevor das Foto aufgenommen wurde, abgespielt haben könnte (zum Beispiel eine zerbrochene Eierschale von einem aufgeschlagenen Ei, mit dem ein Kuchen gebacken wurde).

Stillleben-Bilder sind eine wirkungsvolle Art, die Geschichte von Alltagsmomenten zu erzählen, wie im Garten gepflückte Blumen, eine Tasse Tee und ein Buch, oder eine Küchengeschichte, wie das Schneiden von Gemüse oder das Schälen von Obst. Wähle eine Szene, deren Geschichte du gerne erzählen würdest, experimentiere mit der Komposition und nimm deine eigene Stillleben-Geschichte auf.

auslösen möchte). Manche meiner Bilder funktionieren einfach nicht, auch wenn sie etwas visuell Angenehmes darstellen. Nach meiner Erfahrung liegt das fast immer daran, dass sie keine ihnen zugrunde liegende Geschichte haben. In der Fotografie, wie im Leben, ist die Geschichte alles.

Eine gute Möglichkeit, deine Fotos mit Gefühlen zu tränken, besteht darin, zu üben, sich seiner eigenen Gefühle während des Shootings bewusst zu werden. Wie wir in Kapitel 2 besprochen haben, kann es helfen, uns verstärkt mit dem Akt des Fotografierens auseinanderzusetzen, wenn wir einen meditativen Ansatz wählen. Die Kamera ist ein Instrument, das aufnimmt, was deine Augen sehen und – mit ein bisschen Übung – was dein Herz fühlt. Ein bewusstes Verständnis deines eigenen Gemützustandes kann in die Stimmung fließen, die du mit deinem Bild ausdrücken möchtest, was dir wiederum dabei hilft, die Geschichte dieser Szene zu erzählen. In jeder Geschichte, egal, ob geschrieben oder visuell, ist die Stimmung die Atmosphäre oder das Ambiente, sie ist das Gefühl, das du beim Publikum hervorrufen möchtest. Versuche dir anzugewöhnen, dich zu fragen: »Was für ein Gefühl erzeugt das bei mir?« Und dann: »Wie kann ich dieses Gefühl durch die Stimmung meines Bildes einfangen?« Wenn du eine emotionale Verbindung zu der Geschichte hast, die du erzählst, und zur Stimmung, die du schaffst, ist es wesentlich wahrscheinlicher, dass dein Bild eine emotionale Reaktion bei deinem Publikum hervorrufen wird. Es gibt viele Wege, wie Stimmung durch ein Bild geschaffen werden kann: Wahl des Augenblicks, Farbpalette, Licht, Blickwinkel und Maßstab spielen alle eine Rolle.

TIPPS UND TRICKS

Die Stimmung eines Bildes verstärken

LICHT

Wenn du ein Foto schießt, sei dir der Lichtverhältnisse bewusst und nutze sie, um die Stimmung deiner Geschichte zu verstärken. Bilder, die vor der Dämmerung oder nach Sonnenaufgang aufgenommen wurden, haben einen sanften Schimmer oder (wenn du in das Licht fotografierst) ein außerweltliches Glitzern. Bilder, die an einem Regentag aufgenommen sind, haben etwas Gedämpftes und Beruhigendes und Bilder, die im vollen, hellen Sonnenschein aufgenommen wurden, haben satte Farben und können, je nach Aufnahmerichtung, sehr dunkle Schatten enthalten.

FARBPALETTE

Die Farben, die du wählst, können die Stimmung deines Bildes drastisch verändern: Denke an den Unterschied zwischen hellen Primärfarben und blassen Naturtönen. Wähle Farben, die die Geschichte und das Gefühl, das du hervorrufen willst, unterstützen. Der Farbton eines Bildes kann mit einer Foto-App optimiert werden, wähle trotzdem bereits bei der Aufnahme bewusst die Farben aus, die du benutzen willst.

BLICKWINKEL UND MASSSTAB

Die Kameraposition zu variieren ist eine der einfachsten Möglichkeiten, die Stimmung eines Bildes zu verändern. Von nah dran oder weit weg, von oben oder unten, durch einen Rahmen oder direkt vor der Linse – jede Einstellung kann unterschiedliche Gefühle hervorrufen und andere Geschichten erzählen. Fotografiere ein einzelnes Objekt, zum Beispiel ein Blatt, und experimentiere mit dem Blickwinkel.

- Aus der Distanz, am Baum, umgeben von anderen Blättern.
- Das Blatt herangezoomt, im Close-up, vielleicht in einer Hand gehalten.
- Von oben, das Blatt liegt heruntergefallen auf dem Waldboden.
- Von unten, leuchtend, da das Licht durch das Blatt scheint.
- Durch die anderen Blätter des Baumes aufgenommen, auf das eine Blatt fokussiert, umrandet von den anderen.

Notiere dir in deinem Logbuch, wie sich die Geschichte und die Stimmung des Bildes mit jeder Einstellung ändern.

Wenn du die Geschichte eines bestimmten Tages erzählst, versuche die Schlüsselereignisse, die die Geschichte formen und den Tag zusammenfassen, zu antizipieren. Um ein häufig fotografiertes Beispiel zu verwenden: Bei einer Geburtstagsfeier wirst du aufnehmen wollen, wie das Geburtstagskind die Kerzen auf dem Kuchen ausbläst. Wenn du das im Vorfeld planst, kannst du sicher sein, dass du bereit bist, wenn die Zeit so weit ist, dass du die Richtung, aus der das Licht kommt, geklärt und dich richtig positioniert hast. Wenn du vor, während und nach dem antizipierten Schlüsselereignis Fotos machst, kannst du all die Gefühle, die damit verbunden sind, festhalten. In diesem Fall kann das die Erwartung auf dem Gesicht des Kindes sein, die Freude beim Ausblasen der Kerzen auf dem Kuchen, gefolgt von einer rührenden Interaktion mit einem liebenden Elternteil, das gerade kapiert hat, dass schon wieder ein Jahr vergangen ist. Zusätzlich zum Antizipieren vorhersehbarer Ereignisse halte ich oft Ausschau nach Übergangsmomenten: Zwischenzeiten, in denen nichts Wichtiges passiert, aber in denen die Leute oft am meisten ihr unbeobachtetes Selbst sind. Wenn du auf diese Übergangszeiten eingestellt bist, ist es möglich, leise Momente der Verbundenheit, der Einsamkeit oder gefühlvolle Augenblicke einzufangen, die andere vielleicht gar nicht bemerken. Im Kontext der Geburtstagsparty kann dies zum Beispiel die Nahaufnahme einer Kinderhand sein, die ihre handgeschriebene Karte auf den Tisch packt, ein Kleinkind, das mit einem Ballon spielt, zwei Freund:innen, die miteinander reden und lachen, oder ein Kind im Kostüm, das auf Zehenspitzen steht, um den Kuchen zu begutachten. Ich finde diese Art von Bildern oft viel kostbarer als die klassischen Aufnahmen von Feierlichkeiten, denn Zwischenzeiten erzählen Geschichten, die unerwartet und einzigartig sind.

Unsere kleinen Geschichten aufzunehmen und zu erzählen, hat nachweisbare persönliche Vorteile. Eine Studie von Kristin Diehl von der Universität Südkaliforniens, Gal Zauberman von der Yale Universität und Alixandra Barasch von der Universität Pennsylvaniens aus dem Jahr 2016 zeigt auf, dass unsere Freude sich verstärkt, wenn wir positive Erfahrungen mit Fotografie festhalten.[1] Der mentale Prozess, den wir annehmen, wenn wir ein Foto machen, verstärkt unseren Bezug zu einem Ereignis und ein stärkerer Bezug bedeutet größere Freude. Es scheint mir, als könnte dieser Bezug als eine andere Möglichkeit gesehen werden, aufmerksam zu sein. Eine andere Studie aus dem Jahr 2018 hat ergeben,

dass das tägliche Fotografieren das tägliche Wohlbefinden verbessern kann.[2] Diese Studie konzentrierte sich auf die digitale tägliche Praxis »Ein Foto am Tag« (jeden Tag ein Foto zu machen und es online zu teilen). Die Autor:innen dieser Studie (Liz Brewster von der Lancaster Universität und Andrew Cox von der Universität Sheffields) hoben drei miteinander verbundene Aspekte der »Ein Foto am Tag«-Praxis hervor: Selbstfürsorge, Gemeinschaftlichkeit sowie Erinnerung und Reflexion. Jeder dieser drei Aspekte hat das Potenzial, das Wohlbefinden zu verbessern. Ein Foto aufzunehmen kann ein Akt der Selbstfürsorge sein, zum Teil aufgrund der natürlichen Achtsamkeit der Fotografie. Dasselbe Foto dann online zu teilen ermutigt Interaktion und Engagement mit anderen und macht es zu einem Beispiel positiven Gemeinschaftserlebens. Erinnerung und Reflexion passieren, wenn man ein Foto nutzt, um auf ein vergangenes Ereignis zurückzublicken. Es schenkt uns eine Erinnerung an einen Moment in der Vergangenheit. Die Studie aus dem Jahr 2016 legt außerdem nahe, dass Fotos genutzt werden können, um vergangene Erlebnisse hervorzuholen und uns zu erlauben, die Freude bei der Aufnahme noch einmal zu erleben. Zurückzukehren und glückliche Erinnerungen nochmals zu erleben, das nennen Psycholog:innen »positive Reminiszenz«.

Es scheint also eine ganze Reihe an Vorteilen zu geben, mit Fotos zu arbeiten, um unsere Geschichten zu erzählen, wenn wir positive Erfahrungen aufnehmen. Die *Aufnahme* der Fotos kann vorteilhaft sein, denn sie erhöht unser Engagement und ermuntert zu Achtsamkeit. Das *Teilen* eines Fotos erlaubt uns die Auseinandersetzung mit einer Online-Community. Fotos können außerdem als *Gedächtnisstütze* verwendet werden, die uns an eine Erfahrung wieder *anschließen* und das Glück von damals ein weiteres Mal erleben lassen. Eine Sammlung an Fotos – kleinen Geschichten – steht für eine Sammlung an Erinnerungen, zu denen wir zurückkehren können, um gute Zeiten wiederzuerleben und uns damit glücklicher zu fühlen. Aber auch die Aufnahme negativer Erfahrungen scheint Konsequenzen zu haben. Die gleiche Studie aus dem Jahr 2016 fand heraus, dass die Aufnahme von Fotos den gegenteiligen Effekt hat, wenn die Erfahrung negativ ist. Wenn man also Fotografie nutzt, um negative Erfahrungen festzuhalten,

KAPITEL 8: KLEINE GESCHICHTEN ANFERTIGEN

konserviert das eher unser Unglücklichsein – so wie wir uns bei der Aufnahme eines Fotos fühlen, scheint zu bestimmen, wie wir uns fühlen, wenn wir wieder zu ihm zurückkehren. Wenn wir allerdings in ein Tagebuch schreiben, scheint das Gegenteil der Fall zu sein: Wir profitieren davon, über unsere Gefühle und Erfahrungen geschrieben zu haben, selbst wenn sie negativ waren. Professor Matthew Lieberman schreibt, dass »seine Gefühle in Worte zu packen gut für uns ist«, selbst wenn diese Gefühle unangenehm oder schmerzlich sind.[3] Seine Forschung hat herausgefunden, dass der Akt des Benennens (des Aufschreibens) unserer Gefühle die Aktivitätsmuster in unserem Gehirn verändert. Das Resultat daraus ist, dass wir von Dingen, die uns sorgen oder beängstigen, weniger gestresst sind, was unsere physische Gesundheit verbessert. Unsere Gefühle in einem Tagebuch festzuhalten macht uns glücklicher und gesünder und dasselbe gilt für Fotografie, was das Aufnehmen (und Teilen) positiver Erfahrungen betrifft, besonders wenn wir auf unsere Fotos zurückschauen, um glückliche Momente zu erinnern. Unsere kleinen Geschichten zu erzählen ist nicht nur kreativer Output, eine Sammlung von Erinnerungen und eine Form des Selbstausdrucks – es kann auch aktiv gut für uns sein.

Neben dem Ausdrücken von Gefühlen existieren kleine Geschichten auch als eine Art Zeitkapsel. Manchmal, besonders wenn wir einen Augenblick besonders tief empfinden, fühlen wir uns gemüßigt, ihn aus dem Flow der Zeit herauszuziehen, ihn zu halten, genau anzuschauen und zu versuchen, ihn zum Gedächtnis hinzuzufügen. Aber eine kleine Geschichte ist keine Aufnahme des Moments, sie ist eine Aufnahme dessen, wie wir den Moment *wahrnehmen*. Unsere Geschichten sind keine objektiven Berichte – sie sagen immer mehr über uns, als sie über die Ereignisse selbst sagen. Wir schaffen Bedeutung durch das Interagieren mit einem Augenblick. Wenn du eine Zeitkapsel schreibst, die die Geschichte eines Augenblicks erzählt, dann hältst du fest, was es bedeutet, du zu sein – du zu diesem bestimmten Zeitpunkt. Hier ist zum Beispiel eine kleine Geschichte, die ich mir notiert habe (ursprünglich in den Notizen meines Handys, dann später in meinem Logbuch und schließlich auf meinem Blog), an dem Tag, als der jüngste meiner drei Söhne ein Jahr alt wurde:

Am Tag, als er eins wurde, saß ich mit ihm unter dem Sommerhimmel an der Küste von Cape Cornwall. Er spielte in den rosa Strandblumen und ließ seine dicken kleinen Finger durch sie gleiten. Gelegentlich pflückte er eine Blüte und übergab sie mir, ein verschwörerisches Zwinkern in den großen blauen Augen. Ich streckte meine Zehen in die Sonne und bewunderte seine weißgoldenen Locken. Unter uns, in den Seen der Kliffs, suchten seine geliebten Brüder nach Krabben und ihre aufgeregten Stimmen hallten zu uns durch die warme, salzige Luft.

Am Tag, als er eins wurde, hielt ich ihn auf meinem Schoß und sang »Happy Birthday«, immer und immer wieder, während er würdigend kicherte und sich mit seiner Grübchen-Hand an meinem Arm festhielt. Wir schauten auf das Meer und ich hielt ihn fest, spürte sein sanftes Gewicht und die Meeresbrise auf meiner Haut und versuchte, diesen wunderbaren Moment in meinem Herzen für immer festzuhalten.

Sieben Jahre später ist mein Jüngster ein schnell wachsender Junge, aber wann immer ich diese Zeilen lese, transportiert es mich zurück zu diesem sonnigen Morgen Ende Mai, als ich auf dem windumwehten Kliff sitze, die Salzluft einatme und den Kleinen auf meinem Schoß spüre. Ein Foto hätte diesen Moment auch aufgezeichnet (hat es auch), aber diese versprachlichte Beschreibung sorgt dafür, dass ich mich im Detail daran erinnern kann, wie es sich damals *anfühlte*, ich zu sein. Eine beschreibende Zeitkapsel ist eine Lagerstätte für Erinnerungen, die man nochmals besuchen möchte, ähnlich wie wir vielleicht durch ein Fotoalbum blättern – sie ermöglicht uns die positive Rückbesinnung. Sie zieht uns in die Vergangenheit und lässt uns das Glück, das wir verspürt haben, nochmals verspüren.

SCHREIBÜBUNG

Beschreibende Zeitkapseln

Erschaffe in deinem Tagebuch deine eigene beschreibende Zeitkapsel eines glücklichen oder berührenden Moments, den du festhalten möchtest, damit du ihn in der Zukunft nochmals aufsuchen kannst. Halte Sinneseindrücke fest: Nimm auf, welche Klänge du hörst, welche Gerüche, die Temperatur, die Qualität des Lichts und das Gefühl auf deiner Haut. Nimm jede Bewegung, egal, wie klein, in deine Beschreibung auf. Versuche, dein Erleben dieses Moments so detailreich wie möglich zu beschreiben, damit dein zukünftiges Ich sich wieder hineinversetzen kann. Gehe nicht davon aus, dass du dich an deine Gefühle erinnern können wirst – halte sie mit Worten fest. Der Sinn der Übung ist, eine Erinnerung in deinem Herzen und Verstand festzuschreiben, aber es gibt zusätzlich die Zeitkapsel, als Möglichkeit, mit der du deine Erinnerung in Gang bringen kannst und die dir erlaubt, zu diesem Moment zurückzukehren.

Manchmal liegt der schwierigste Teil des Geschichtenerzählens darin, sich zu entscheiden, welche Geschichte man erzählen soll. Wie bei der Diamantensuche können wir an den profansten Orten nach möglichen Geschichten graben. Wenn du dich uninspiriert fühlst, denke daran, dass sich kleine Alltagsgeschichten üblicherweise an Alltagsorten finden. Dein Handy ist sicherlich voller Inspiration für Geschichten. Handy-Notizen sind auch eine super Inspirationsquelle. Sätze, die als Gedächtnisstütze notiert wurden, werden mit der Zeit kryptisch. Vielleicht bringen sie deine Erinnerung in Gang und erinnern dich an eine nicht erzählte Geschichte oder sie setzen eine Assoziationskette in Bewegung, die dich auf eine neue Idee bringt. Grabe und schaue, was du findest. Alternativ kannst du auch dein Handy zur Seite legen und dich im Haus umschauen. Kannst du die Geschichte deiner vergessenen Einkaufsliste oder der Geburtstagskarte zwischen den Buchseiten erzählen? Was ist mit dem Foto, das auf dem Kaminsims steht, oder den Papieren, die am Kühlschrank kleben? Wo immer es Spuren von dir gibt, da gibt es auch kleine Geschichten zu erzählen. Erzähle die Geschichte der schlammigen Stiefel neben der Haustür oder der Bilder in deinem Portemonnaie oder der Weinranke, die an dein Küchenfenster klopft. Schau dich nach einer kleinen Geschichte um, die davon erzählt, was es bedeutet, du zu sein, genau jetzt, in diesem Moment.

Im Laufe der Zeit, in der du deine kleinen Geschichten sammelst, wirst du anfangen, ein umfangreicheres Bild zu erhalten, ein Bild derjenigen, die du bist. Genau wie das Leben aus vielen, vielen Tagen zusammengestickt ist, so besteht eine *Lebensgeschichte* aus vielen, vielen *kleinen Geschichten*. Wenn du deine kleinen Geschichten erzählst, die von deinen Leidenschaften und Besorgnissen sprechen, Geschichten, die kommunizieren, worüber du nachdenkst und was dir auf dem Herzen liegt, schaffen diese kleinen Geschichten in Kombination das Portrait eines Lebens – deines Lebens. Du bist immer im Zentrum deiner kleinen Geschichten – sie offenbaren die Welt, wie sie durch deine Augen aussieht und mit deiner Stimme klingt. Die kleinen Geschichten, die du erzählst, sind *über* dich und *von* dir. In diesem Sinne sind sie alle Selbstportraits. Doch manchmal, wenn unsere Geschichten wahrhaftig reflektieren sollen, wer wir sind, müssen wir tapfer sein und uns mit einem echten Selbstportrait zeigen (und sei es nur unserem Tagebuch gegenüber). Es ist Zeit, in unsere Geschichten zu treten.

WO IMMER ES SPUREN VON DIR
GIBT, DA GIBT ES AUCH KLEINE
GESCHICHTEN ZU ERZÄHLEN.

Deine Geschichte

KAPITEL 9: DEINE GESCHICHTE

Du bist im Herzen all deiner kleinen Geschichten.

Jedes Wort, das du schreibst, und jedes Bild, das du aufnimmst, dokumentiert die Welt durch deinen Blick. Deine Anwesenheit ist immer impliziert. Ich bin allerdings davon überzeugt, dass du manchmal, um dir deine kleinen Geschichten wirklich zu eigen zu machen, in deine Geschichten treten und erzählen musst, nicht nur, was du siehst, sondern auch, wer du bist. Es braucht Mut, um sich selbst in den Rahmen zu stellen, ich weiß. Ein Selbstportrait zu schaffen (ob mit einem Foto oder einer schriftlichen Beschreibung) kann uns sehr verletzlich machen. Wir sind oft unsere schlimmsten Kritiker:innen und so daran gewöhnt, aufgrund unserer Erscheinung beurteilt (und als unzulänglich empfunden) zu werden. Uns wird oft das Gefühl vermittelt, dass wir nicht schön, schlank oder jung genug sind, um uns zu zeigen. Im Gegenzug kann uns ein Selbstportrait auch hohl fühlen lassen, als ob wir uns der Eitelkeit hingeben. Hinter der

Kamera hervor- und ins Bild zu treten kann eine erschreckende Vorstellung sein. Vor ein paar Jahren gab es niemanden, der weniger erpicht auf Selbstportraits war als ich – und heute sind einige meiner kostbarsten Fotos Selbstportraits. Es sind nicht immer Bilder, die ich teile – einige bleiben außer von mir ungesehen –, aber es sind kostbare Augenblicke, die die Geschichte *meines* Lebens wiedergeben. Der Gedanke, in deine Geschichte zu treten, erfüllt dich vielleicht mit Angst und Bangen, aber ich bin davon überzeugt, dass es möglich ist, deine Wahrnehmung von Selbstportraits neu zu umreißen. Ich möchte dir zeigen, dass Selbstportraits eine essenzielle, sogar freudvolle Möglichkeit sein können, die kleinen Geschichten deines Lebens zu erzählen.

Davon ausgehend, dass das Ziel ist, die kleinen Geschichten *deines* Lebens zu erzählen, müssen diese Geschichten dich enthalten! Hab keine Scheu, sichtbar Raum einzunehmen, während du die Welt um dich herum aufnimmst. Ein Selbstportrait hat nichts mit Kussmündchen, Posen und Show zu tun. Es ist ein tief persönlicher Ausdruck dessen, wer du jetzt, zu dieser bestimmten Zeit, bist. Die Kunst des Selbstportraits ist eine Form des Geschichtenerzählens, die dir mit einem Bild oder einer geschriebenen Geschichte erlaubt, aufzuzeichnen, wie du dich mit dir selbst fühlst. Ein Selbstportrait ist ein Geschenk an dich selbst, jetzt und in der Zukunft. Du musst es nicht teilen – nicht mal mit der Familie –, außer du möchtest, aber eines Tages wirst du (und, wenn du willst, die, die dir am nächsten stehen) mit Liebe darauf zurückblicken und die Schönheit oder die Wahrheit dieses bestimmten Moments in deinem Leben sehen. Selbstportraits sind kein Ausdruck von Narzissmus, sie sind die klarste Art, aufzunehmen, was es genau jetzt bedeutet, du zu sein.

Neben dem Tisch in meinem Büro sind ein paar meiner Lieblingsselbstportraits an die Wand gepinnt. Es sind Prüfsteine, zu denen ich zurückkomme, wenn mein Gespür dafür, wer ich bin, davontreibt oder sich mein Selbstbewusstsein auf dem Tiefstand befindet. Es gibt ein Schwarz-Weiß-Portrait, das ich von mir in meinen späten Teenagerjahren aufgenommen habe, die Augen nach unten gerichtet, Freundschaftsbändchen an den nackten Armen, die Kamera steht auf einem Mäuerchen. Dann hängt da ein verschwommenes Polaroid, das ich vor Kurzem in Wales am Strand aufgenommen habe (Kamera vor mich gehalten, Gesicht zu nah dran, aber glücklich, mit nassem Haar vom Schwimmen im

KAPITEL 9: DEINE GESCHICHTE

Meer), und es gibt den Ausdruck eines Fotos, das ich vor zehn Jahren mit meinem Handy geschossen habe, die Linse auf den Spiegel gerichtet, auf meine verschlafenen Augen und das zerzauste Morgenhaar – ein neugeborenes Kind auf meiner Schulter. Ich liebe diese Fotos, weil sie mich in einem guten Blickwinkel erwischt haben – auf einem bin ich unscharf, auf dem anderen total erschöpft – ich liebe sie, weil sie mich daran erinnern, wie es sich zu verschiedenen Zeitpunkten auf meiner Reise anfühlte, ich zu sein. Sie erlauben mir, mich daran zu erinnern, wer ich war, und besser zu verstehen, wer ich bin.

Wie all unsere kleinen Geschichten haben Selbstportraits das Potenzial, Erfahrungen oder Gefühle einzufangen, die ansonsten vergessen wären. Sie erlauben dir, deine Interpretation der Welt auf deine ganz eigene Weise aufzuzeichnen. Selbstportraits sind gleichzeitig ein kostbares Storytelling-Werkzeug und ein belohnender kreativer Prozess. Wenn du ein fotografisches Selbstportrait schießt (ob mit der Kamera oder dem Handy), hast du die absolute Kontrolle, weil du sowohl die Fotografierende als auch das Subjekt des Bildes bist. Du brauchst nicht perfekt auszusehen, du musst nur du selbst sein. Selbstportraits können dir helfen, deinen inneren Mut anzuzapfen, und sie bieten dir eine kreative Möglichkeit, zu experimentieren. *Du* hast die Möglichkeit, den Blickwinkel zu verändern, das Licht, die Stimmung und die Komposition. Du kannst so viele Aufnahmen machen, wie du brauchst, bis du eine hast, die sich exakt richtig anfühlt und die Geschichte genau so ausdrückt, wie du sie erzählen willst.

»Selbstportraits sind keine unschuldigen Reflexionen dessen, was Künstler:innen sehen, wenn sie in den Spiegel schauen«, schreibt Frances Borzello in ihrem Buch *Wie ich mich sehe – Frauen im Selbstporträt*. »Sie sind ein Teil der Sprache, die Künstler:innen benutzen, um etwas auszudrücken, vom einfachen ›So sehe ich aus‹ zum komplizierteren ›Das ist es, woran ich glaube‹.«[1] Ein Selbstportrait ist eine bewusste Komposition, die eine spezifische Geschichte erzählt. Wenn wir uns daran machen, ein Selbstportrait zu schaffen, müssen wir nicht nur auf das *Wie sehe ich aus?* achten, sondern, noch wichtiger, auf das *Was möchte ich sagen?* und, wie immer: *Welche Geschichte möchte ich erzählen?* Auch wenn das traditionelle Medium des Selbstportraits ein Gemälde ist, ist ein Selbstportrait für unsere Zwecke ein Foto oder ein Text, in dem du dich selbst zum Thema machst. Das Ziel ist, in deiner eigenen Geschichte anwesend zu sein, auf eine Art, die

DAS ZIEL IST, IN DEINER
GESCHICHTE ANWESEND ZU SEIN –
AUF EINE ART, DIE SICH
FÜR DICH ANGENEHM ANFÜHLT.

KAPITEL 9: DEINE GESCHICHTE

sich für dich komfortabel anfühlt. Zum Beispiel, indem wir unsere Hände, Füße oder Schatten aufnehmen, können wir fotografische Selbstportraits machen ohne das Risiko, unseren ganzen Körper vor die Kamera zu bringen.

Selbstportraits müssen nicht ernst sein – du kannst spielerisch sein, entdecken und Spaß haben. Manchmal sind meine eigenen Selbstportraits ungestüm und spontan. Ich bemerke meinen Schatten auf einer Wand, ich gehe an einem interessanten reflektierenden Schaufenster vorbei, ich finde einen hübschen Flecken Licht auf der Straße oder ich knipse mein frisch geschnittenes Haar im Badezimmerspiegel. Zu anderen Zeiten sind meine Selbstportraits von langer Hand geplant. Wenn ich eine Idee für ein interessantes Selbstportrait habe – ein Gefühl, das ich ausdrücken, einen Ort, den ich festhalten möchte, oder sogar ein Wetter, das sich in die Geschichte einbauen lässt – mache ich einen Plan, kritzele Notizen auf ein Stück Papier oder eine Seite aus meinem Notizbuch. Ich fange an, indem ich mich frage: *Was für eine Geschichte möchte ich über mich erzählen?* Ich denke über den Ort nach, an dem ich das Bild aufnehmen möchte, über das, was ich anziehen will, die Tageszeit, zu der ich am ehesten die Lichtverhältnisse bekomme, die ich möchte, und darüber, ob ich irgendwelche Gegenstände mit im Bild unterbringen möchte, die zu der Geschichte beitragen, die ich erzählen will. Manchmal sketche ich grob das Portrait, das ich machen will, allerdings weiß ich, dass sich meine Ideen beim Fotografieren entwickeln. Meine geplanten Portraits nehme ich mit meiner Kamera (auf Selbsttimer gestellt) und einem Stativ auf oder einem selbst gemachten Stativersatz, wie zum Beispiel einem vorsichtig auf der Fensterbank aufgestellten Handy.

In meinen Selbstportraits spiele ich oft mit Größenverhältnissen. Ich bevorzuge Bilder mit viel Negativraum (auf denen ich relativ klein in größerer Landschaft zu sehen bin). Ich habe damit angefangen nach einem Gespräch mit der Autorin, Fotografin und Freundin Julia Williams.[2] Sie wusste, dass ich nicht gerne Fotos von mir selbst machte, also schlug sie vor, dass ich es aus einer Distanz versuchen sollte. Sie erklärte, dass sie es weniger einschüchternd fand, als eine kleine Figur in ihren Bildern aufzutauchen, als groß und bildfüllend vor der Kamera zu stehen. Dieser Rat veränderte meine Einstellung zu Selbstportraits. Ich war viel weniger gehemmt, diese Art von Bild zu machen, und begann, damit zu experimentieren. Ich entdeckte, dass Negativraum auch ein hervorragendes Werkzeug zum Geschichtenerzählen ist. Er erlaubt mir, die Landschaften, die ich liebe, in meine Fotos zu bringen und sie in die Geschichten, die ich erzähle, einzubauen. Er verschiebt den Fokus in meinen Selbstportraits von der Frage, wie ich aussehe, zu der Frage, was ich sagen will.

Den Kontrast zwischen Reglosigkeit und Bewegung zu nutzen, kann bei Selbstportrait-Geschichten einen kraftvollen Unterschied machen. Wenn ich mit Stativ arbeite, nehme ich eine Reihe verschiedener Bilder am selben Ort auf. Ich experimentiere mit Posen, schaue nach oben, schaue nach unten, mit meinem Rücken zur Kamera, in der Mitte des Bildes stehend, an der Seite etc. Ich bringe Bewegung in meine Bilder, indem ich meinen Rock schwenke, meinen Kopf schüttele, durch das Bild laufe oder mich auf der Stelle drehe. Ein statisches, perfekt ausgerichtetes Bild erzählt eine andere Geschichte als ein verschwommenes, aktives Bild. Das Verschwommene bedeutet, dass ein aktives Bild unperfekt erscheinen mag, aber Bewegung verleiht Selbstportraits Leben und ein anderes Gefühl als ein statisches Bild. Eine weitere Möglichkeit, die Geschichte deines Selbstportraits zu verändern, ist, mit Rahmen zu spielen. Ein Selbstportrait mit Spiegel (oder eins, das in der Reflexion eines Fensters oder eine Pfütze aufgenommen ist) bietet einen klaren Rahmen, aber Rahmen lassen sich auch in einer wilden Umgebung finden oder schaffen. Du kannst zum Beispiel dein Stativ so ausrichten, dass du durch Blätter oder Farn knipst, die Bildränder verschwimmen lässt, oder du kannst die Form von Bäumen als natürlichen Rahmen nutzen.

FOTOÜBUNG

Ein Selbstportrait machen

FÜSSE

Vielleicht die schnellste und einfachste Art, in einem Foto präsent zu sein, ist, deine Kamera oder das Handy nach unten zu richten und ein Bild deiner Füße aufzunehmen. Ob es deine Zehenspitzen oder deine Füße sind oder die Beine vom Knie abwärts, du trittst im wahrsten Sinne des Wortes in das Bild. Indem du deine Fußschritte fotografierst, nimmst du Schnappschüsse deiner andauernden Reise durch die Welt auf. Diese Art von Bildern ist eine großartige Möglichkeit, mit Komposition zu experimentieren. Überlege, wie du Farbe und Muster nutzen willst, oder schaffe diagonale Linien, um deinen Bildern Dynamik zu verleihen. Meine Kamerarolle enthält unzählige Fotos meiner Füße: in einem See wilder Knoblauchblumen, auf Treppenstufen, am Rande des Bahnsteigs. Es ist die einfachste Art, zu sagen: *Das bin ich. Hier bin ich.* In dem Prozess des Nach-unten-Schauens bemerke ich Details, die ich ansonsten übersehen hätte: die Kirschblütenblätter am Boden, der Lichtstrahl, die angeknackste Fliese.

HÄNDE

Auf ähnliche Weise können Hände – ein natürlich ausdrucksstarker Teil des Körpers – für faszinierende Bilder sorgen. Es ist möglich, ein Bild einer deiner Hände zu machen (zum Beispiel mit einem Objekt im Vordergrund des Bildes), indem du deine Kamera oder dein Handy von dir weg hältst, aber wenn du deine beiden Hände fotografieren willst, brauchst du ein Stativ. Die Hände des Fotografierenden erinnern subtil an seine Existenz hinter der Kamera. Es kann eine Einladung sein, sich genauer mit dem Bild auseinanderzusetzen. Indem du dich dafür entscheidest, ein Objekt zu halten (ein Buch, einen Stift, ein Blatt, ein Foto, einen gefundenen Gegenstand), kannst du ein Bild komponieren, das eine Geschichte darüber erzählt, was für dich gerade von Bedeutung ist. Hände an sich haben eine Geschichte zu erzählen. Wenn ich an Menschen denke, die ich liebe, sehe ich oft ihre Hände vor meinem inneren Auge: die meines Vaters, wettergegerbt und fleckig, die langen, eleganten Hände meiner besten Freundin, als wir Teenagerinnen waren, die tintenverschmierten, Gitarre spielenden Finger meines mittleren Sohnes.

SCHATTEN

Mache an einem sonnigen Tag ein Selbstportrait, indem du deinen eigenen Schatten fotografierst, an einer Wand oder auf dem Boden. Schatten-Selbstportraits haben etwas Unwirkliches – dein Schatten ist gleichzeitig du und auch nicht. Schatten müssen sich nicht dunkel anfühlen. Sie können dir ermöglichen, auf eine entspannte und lustige Art im Bild anwesend zu sein. Wenn ich im Sommer fotografiere – zum Beispiel an einem Tag am Strand –, dann mache ich oft auch eine Aufnahme mit Schatten (unvermeidlich bei einem Foto meiner Füße am Rande der Wellen), um sicherzustellen, dass ich mich nicht dauernd hinter meiner Kamera verstecke. Ein Winken mit der Hand, ein wehender Schal oder ein raschelnder Rock sind alles Möglichkeiten, wie man Bewegung und Leben in ein Schatten-Selbstbild bringen kann.

DAS EINFACHE SELFIE

Dies ist die einfachste und schnellste Art, ein Selbstportrait zu machen. Wenn du mit deinem Handy aufnimmst, wechsle die Kameraansicht, sodass dein Gesicht auf dem Bildschirm zu sehen ist, und mache deine Aufnahme. Wie das alte Selbstportrait auf Armeslänge (Bist du alt genug, dich daran zu erinnern, wie es war, mit einer Einwegkamera zu fotografieren, indem du sie mit der Linse zu dir gedreht hast, gelächelt hast und nur auf das Beste hoffen konntest, während du auf den Auslöser gedrückt hast?) hat ein Selfie begrenzte kompositorische Möglichkeiten, aber es ist eine hervorragende Option, ein spontanes Gefühl oder einen Augenblick aufzunehmen, ein Bild, das dein eigenes Gesicht zeigt und sagt: *Das bin ich. Hier bin ich.*

STATIV UND SELF-TIMER

Ein Stativ ermöglicht dir bei deinen Selbstportraits absolute kreative Freiheit, egal, ob du mit dem Handy oder der Kamera aufnimmst. Wenn du mit Stativ arbeitest, komponiere dein Bild und stelle die Kamera auf Selbsttimer-Modus. Wenn du keine Remote-Kamera hast (ich nutze eine App auf meinem Handy), versuche ein Objekt zu fokussieren, das sich auf der Linie befindet, auf der du stehen möchtest, konzentriere dich darauf, dann lasse die Kamera genau so und tritt in die Aufnahme. Wenn du (wie ich) dein Stativ vergisst oder keines hast, kannst du oft provisorische Lösungen finden, indem du dein Handy auf eine Mauer, einen Baumstamm oder eine andere stabile Oberfläche stellst. Scheue dich nicht, in deinen Bildern Negativraum zu verwenden – du musst das Bild nicht ausfüllen, du kannst weiter von der Kamera entfernt und damit kleiner sein. Als ich damit angefangen habe, Selbstportraits zu machen, habe ich mich sehr viel wohler damit gefühlt, wenn ich eine kleine Figur in dem Bild war. Wenn ich in der Natur aufnehme, ist die Welt um mich herum ebenfalls ein Teil der Geschichte, die ich erzähle.

SPIEGELBILDER
Dies sind meine persönlichen Favoriten. Sie sind weniger aufwendig als Aufnahmen mit Stativ, aber bieten mehr Flexibilität als ein einfaches Selfie. Eins der Bilder, die ich am meisten liebe, ist ein Spiegelbild, auf dem ich mit verschlafenen Augen zu sehen bin, als mein Jüngster geboren wurde. Es transportiert mich unmittelbar zurück in diese chaotischen und euphorischen Tage des Schlafentzugs.

Fotos vor dem Spiegel sind kein Werk der Eitelkeit. Frances Borzello sagt, dass sie »die Fähigkeit des Fotografierenden, ein Bild von sich selbst herauszulocken und einzufangen, verlangen«.[3] Eine Fotografin, die diese Fähigkeit hervorragend beherrschte, war Vivien Maier, eine amerikanische Straßenfotografin, die Selbstportraits mit ihrer Rolleiflex-Mittelformatkamera schoss. Sie fotografierte sich nicht nur vor dem Spiegel, sondern vor allen möglichen widerspiegelnden Oberflächen, von Schaufenstern zu Autospiegeln. Ein Archiv ihrer Selbstportraits lässt sich online finden und ist eine faszinierende Quelle der Inspiration.[4]

Deine Handykamera ist das perfekte Tool, um ein Spiegelbild deiner Selbst zu machen. Sie ist immer zur Hand, sodass du, wenn du an einer Pfütze, einem interessanten Fenster oder Spiegel vorbeikommst, schnell eine Aufnahme machen kannst. Ich mache oft Selbstportraits, bei denen ich die Spiegel in meinem eigenen Zuhause nutze. Ich weiß aus Erfahrung, dass das Licht, das auf den Spiegel über dem Badezimmerwaschbecken fällt, das hübscheste im Haus ist, und an Tagen, an denen ich ein Bild von mir selbst aufnehmen will, fange ich meistens dort an.

Ich mache Selbstportraits, um meine Freuden, Leidenschaften und fixen Ideen festzuhalten. Das sind für mich das Schwimmen im Meer und das Wandern im Wald, tanzendes Licht und wirbelnder Nebel. Für dich wird es vermutlich etwas ganz anderes sein. Selbstportraits zeigen, was dich nährt und zum Strahlen bringt. Betrachte sie als Technik, mit der du die Geschichten erzählst, die für dich am wichtigsten sind. Wie ich schon bei den Salzwasser-Selfies in Kapitel 3 erzählt habe, sind Selbstportraits das stärkste Werkzeug, das ich habe, um mich daran zu erinnern, was es bedeutet, ich zu sein. Wenn du Selbstportraits machst, hilft dein Blick, die Geschichte zu erzählen. Du kannst direkt in die Kamera schauen oder du kannst deinen Blick abwenden, nach oben schauen oder in die weite Ferne. Eine kleine Bewegung deiner Augen kann die Stimmung und die Geschichte des Portraits verändern. Starke Selbstportraits können in sehr intensiven Augenblicken gemacht werden, wenn deine Augen geschlossen sind und du nach innen schaust. Seine Augen vor der Kamera zu schließen ist eine selbstbestimmte und kraftvolle Entscheidung. Versuche, so ein Foto aufzunehmen, indem du die Kamera auf Selfie-Modus stellst, sie auf Armeslänge vor dich hältst, deine Augen schließt, einen Moment anhältst, pausierst, und dann auf den Auslöser drückst.

Selbstportraits zu machen sollte keine Qual, sondern eine Freude sein, aber mit der Zeit fühlst du dich vielleicht stark genug, die ganze Bandbreite an Gefühlen aufzunehmen – von Lachen bis Weinen. Falls du die Übung »Durch die Linse eines Gefühls« in Kapitel 3 gemacht hast, überlege, dahin zurückzukehren und ein Selbstportrait für jede der Emotionen zu schaffen, die dein Schreiben inspiriert hat. Wann immer du ein Selbstportrait machst, ist das Wichtigste, dass du freundlich zu dir selbst bist und Mitgefühl hast. Ein Selbstportrait ist eine sensible Sache. Am Ende ist das Foto, das entstanden ist, zwar kostbar, aber nicht der wichtigste Teil. Der Prozess selbst hat das Potenzial, zu heilen und zu empowern. Beim Selbstportrait geht es darum, dich selbst in das Zentrum der Geschichte zu stellen und die Aspekte zu erzählen, die persönlich, echt oder lebendig sind. Es geht darum, zu lernen, dich selbst zu akzeptieren und zu lieben und zu erkennen, dass deine Geschichte erzählenswert ist, dass deine Geschichte alles ist.

SCHREIBÜBUNG

Geschriebene Selbstportraits

WORT-PORTRAIT
Wenn du absolut kameraschüchtern bist oder Wort und Bild kombinieren möchtest, um ein genaueres und ganzheitlicheres Bild deiner Selbst jetzt und heute zu geben, schreibe ein Wort-Portrait. Du kannst natürlich über dein Äußeres schreiben, aber der wesentliche Vorteil, den ein geschriebenes Selbstportrait gegenüber einem fotografischen hat, ist, dass du deinen Charakter, deine Gefühle und das, was dich emotional ausmacht, beschreiben kannst – Aspekte, die in einem Foto höchstens angedeutet werden können. Schreibe über deine innere Landschaft und das, was dich zu der Person macht, die du heute bist. Vielleicht helfen dir ein paar der folgenden Stichworte:

- Mein Gesicht ist ...
- Meine Hände sind ...
- Ich trage ...
- Ich bewege mich wie ...
- Ich bin die Art von Mensch, die ...
- Ich ... immer ...
- Ich ... nie ...
- In Wahrheit bin ich ...

ABWESENDES SELBSTBILDNIS
In der Malerei ist ein abwesendes Selbstbildnis eines, in dem die Künstler:innen ihr Zimmer beziehungsweise ihren Arbeitsplatz präsentieren. Indem sie ihren kreativen Raum portraitieren, fangen sie eine enge Verbindung mit ihrer Umgebung ein, die etwas über ihr inneres Selbst verrät. Das Gemälde *Eine Ecke des Künstlerzimmers in Paris* ist ein effektives Beispiel eines solchen Selbstportraits. Das Bild zeigt genau das, was sein Titel nahelegt: ein Fenster, Tisch und Stuhl in der Ecke des Zimmers der Malerin in Paris. Auf dem Tisch steht eine Vase mit Blumen, es gibt einen Regenschirm und ein Kleidungsstück hängt über dem Stuhl. Alles, was wir von

Paris gezeigt bekommen, sind ein abfallendes Dach und das Licht, das durch das Fenster fällt. Es ist ein einfaches Bild, aber es hat eine stille Intensität, die uns die Geschichte hinter dem Sichtbaren vorstellen lässt. Wir fragen uns, wer diese Frau ist, der der Regenschirm gehört und die die Blumen arrangiert hat. Jedes Detail, das sie ausgewählt hat, ist ein Hinweis.

Diese Art von Selbstbildnis eignet sich auch für eine Beschreibung. Denke an ein Zimmer oder an eine Stelle in einem Zimmer, die dir gehört (wie zum Beispiel ein Schreibtisch, ein Bücherregal oder ein Kaminsims), und experimentiere damit, ein abwesendes Selbstbildnis zu verfassen. Welche Hinweise baust du ein, um die Geschichte, wer du bist und wie du fühlst, zu erzählen? Indem du über deinen Raum schreibst, beschreibst du deine Umgebung und die Objekte, die sich dort befinden. Vielleicht magst du wie in einem Gemälde die Erklärungen zu den Objekten ungesagt lassen, oder wenn du möchtest, kannst du Details einbauen, die die Geschichte hinter diesen selben Objekten erzählen – ihre Herkunft, Bedeutung und wieso sie dir nahestehen. Du kannst auch ein Foto dieses Raums machen, das mit deinen Worten korrespondiert.

Als Studentin habe ich meine Abschlussarbeit über das Gedicht *Das öde Land* von T. S. Eliot geschrieben. Eine Zeile vom Ende des Gedichts trage ich seitdem stets bei mir: »These fragments I have shored against my ruins«.[5] Wie bei Eliots gesamtem Werk ist die Bedeutung dieser Zeile komplex und vielschichtig. Für mich spricht sie von kleinen Geschichten. Unsere kleinen Geschichten sind kostbare Fragmente, die wir im Laufe der Zeit sammeln und die für uns die größte Bedeutung haben – bedeutsame Augenblicke, winzige Wahrheiten und Alltagsmagie. Diese kleinen Scherben des Lebens können gebrochen und nicht wichtig erscheinen, aber sie glitzern trotzdem. Zusammengefügt sind die Fragmente stärker, bieten Unterstützung und Schutz bei den Unsicherheiten des Lebens. Ein einzelnes Fragment – eine kleine Geschichte – mag zerbrechlich sein, aber zusammen bieten sie Halt. Deine kleinen Geschichten sind eine Sammlung dessen, was du siehst, was du liebst und woran du glaubst. Sie sind Stücke deiner Selbst. Deine kleinen Geschichten aufzunehmen und zu sammeln, ist mehr als eine Chronik deines Lebens, es ist ein Akt der Stärkung des Selbst.

Wir sind alle Produkte sowohl der Geschichten, die wir erzählen, als auch der Geschichten, die wir erzählt bekommen haben. Familiengeschichten helfen uns zu verstehen, woher wir kommen und wer wir daher sind. Kindern gegenüber führt das Erzählen von Familiengeschichten zu erstaunlichen Vorteilen. Dr. Robyn Fivush, Direktorin des Labors für Familiengeschichten an der Emory Universität, untersucht seit Jahrzehnten den Nutzen, den Familiengeschichten für die Resilienz und das Selbstbewusstsein von Kindern und Jugendlichen haben. Als Teil einer Studie, die sie im Jahr 2008 mit Dr. Marshall Duke zusammen durchführte, entwickelte sie eine Skala, die sie die »Weißt du«-Skala nannten und die das Wissen der Kinder über ihre Familiengeschichten anhand von zwanzig Fragen à la »Weißt du, wie sich deine Eltern kennengelernt haben?« und »Weißt du, welchem Familienmitglied du am ähnlichsten siehst?« abfragte. Sie verglichen die Antworten der Teilnehmenden auf diese Fragen mit den Ergebnissen der psychologischen Tests und entdeckten, dass, je mehr Geschichten die Kinder aus ihrer Familiengeschichte kannten, ihr Selbstbewusstsein und ihr Gefühl, Kontrolle über ihr Leben zu haben, desto größer waren.[8]

»Geschichten«, schrieb Dr. Fivush in einem Blogbeitrag für *Psychology Today*, »sind zu allen Zeiten unser natürlicher Weg, uns anderen mitzuteilen.«⁹ Sie sieht die Geschichten, die wir unseren Kindern erzählen, als »Familienerbe«, eines, das eine Vielzahl von möglichen Vorteilen bietet. Das Erzählen von Familiengeschichten ist oft ein andauernder Prozess, der mehrere Leben überdauert. Von unseren Eltern und Großeltern hören wir die Geschichten ihrer Leben und die ihrer Eltern und Großeltern. Wir wiederum erzählen diese Geschichten unseren Kindern und fügen die Geschichten unserer Leben hinzu, die unsere Kinder ihren Kindern erzählen, und so geht der Kreis weiter. Wenn du deine Geschichten mit denen teilst, die du liebst, teilst du dich auch selbst mit.

Mein Yorkshire-Opa starb vor meiner Geburt, aber solange ich mich erinnern kann, hat mir meine Yorkshire-Oma Geschichten über ihn erzählt. Sie erzählte mir die Geschichte, wie sie sich bei einem Kricket-Turnier der Kirche kennengelernt hatten und wie sie geheiratet hatten (während des Krieges) und er einen Juwelierfreund gebeten hatte, ihm zu helfen, einen Ehering für seine Frau zu bekommen (ein Ring, den ich heute trage). »Walisisches Gold, wie die Königin«, pflegte meine Oma zu sagen. Sie erzählte mir die Geschichte vom Sheffield-Weihnachten, als er und ein Freund lange aufblieben, um für die Kinder eine Rennbahn um den Weihnachtsbaum zu bauen, und die Geschichte, wie sie Jahre später, als mein Cousin klein war, ein Spiel spielten, in dem mein Opa immer so tat, als sei er ein Tiger, und wie er daraufhin von meiner Oma und von uns allen Tigeropa genannt wurde. Ich habe ihn nie getroffen, aber ich hatte immer das Gefühl, dass ich ihn kannte. Die Geschichten der Liebe, die ihn für meine Oma lebendig bleiben ließen, machten ihn für mich zu einer reellen Person.

Die andere Seite meiner Familie ist groß, wächst beständig und erstreckt sich über die ganze Welt. Ich bin die älteste von fünfzehn Cousinen. Meine jüngste Tante ist ein paar Jahre älter als ich und meine ältesten Cousinen sind ein paar Jahre jünger. Meine Oma und mein Opa erzählten uns immer Geschichten: Geschichten aus ihrer Kindheit, der Zeit ihres Liebeswerbens und aus ihrem Leben als junge Familie mit fünf Kindern. Die Familie ist weiter gewachsen und verstreut, aber die Geschichten binden uns zusammen.

KAPITEL 9: DEINE GESCHICHTE

Wenn ich mit meinen Cousins und Cousinen zusammen bin, tauschen wir Geschichten über unsere jeweiligen Eltern miteinander aus, die Abenteuer ihrer Jugend und Ereignisse aus unserer gemeinsamen Vergangenheit. Bei der Beerdigung meines Großvaters hatten alle eine Geschichte darüber zu erzählen, was für ein bemerkenswerter Mann er doch war. Wenn ich meine Oma heute besuche, erzählt sie meinen Kindern die gleichen bekannten Geschichten, die sie mir erzählt hatte: die Geschichte des Familienmeerschweins, das sich so dermaßen oft fortpflanzte, dass seine Nachfahren an den Zoo gegeben werden mussten, die Geschichte vom Campingurlaub in Schottland, als mein Großvater seine Kinder instruierte, einen gefüllten Schafsmagen zum Abendessen zu jagen, die Geschichte des Kätzchens, das meine Tante in einem Reitstall fand, nach Hause brachte und adoptierte, und die Geschichte, wie meine Onkel mit Schaufeln zum Strand zogen, um riesige Sandstädte zu bauen. Meine Kinder hören gebannt und mit aufgerissenen Augen zu, genau wie ich damals. Sie fragen nach weiteren Geschichten und Oma Jean liefert – Geschichten, die vor langer Zeit geschahen, aber auch Geschichten von heute, von ihren anderen Urenkeln, die auf weit entfernten Kontinenten leben.

Diese Familiengeschichten sind Fäden, die uns miteinander verknüpfen: sie erinnern mich daran, wo ich herkomme. Sie verankern mich, aber sie richten mich auch auf und halten mich zusammen durch die Erfahrung, Weisheit und Hoffnung derer, die vor mir kamen. Auch wenn ich mich, wie alle, in vielen Dingen von meiner Familie unterscheide, ziehe ich Stärke daraus, Teil eines größeren Ganzen zu sein. Die Fäden der Familiengeschichten verbinden mich mit der Vergangenheit und durch meine Kinder mit der Zukunft. Wenn ich mit meinem jüngsten Kind zur Bettstunde flüstere, denke ich daran, als ich selbst fünf Jahre alt war, in der dunklen Gemütlichkeit des Zimmers mit den blauen Tapeten lag und der beruhigenden Stimme meiner Mutter zuhörte, die mir eine Gutenachtgeschichte erzählte. Ich kann mich nicht an eine Zeit vor Geschichten erinnern. Sie bewegen sich durch mein Blut und sind in die Sehnen meines Körpers eingewoben. Ich bin aus Geschichten entstanden, ich bin eine Geschichte.

Die Autorin und Filmemacherin Nora Ephron rät in ihrer Rede vor dem Wellesley College 1996, »vor allem die Heldin seines Lebens, nicht das Opfer zu sein«.[10] In den kleinen Geschichten, genau wie in deiner größeren, allumfassenden Lebensgeschichte, bist du die Hauptfigur. Zu leben und die Geschichten unseres Lebens zu erzählen, ist für uns alle ein Prozess des kontinuierlichen Lernens und der Selbsterkundung. Während wir unseren Weg durch die Welt finden, finden wir auch einen Weg zurück zu uns selbst – wir erkennen, wer wir sind. Dies ist die Aufgabe des Erzählenden – Held:in des eigenen Lebens zu werden. Deine Stimme zählt, in deiner Lebensgeschichte ist sie die Stimme der Heldin und du spielst die Hauptrolle. Deine Stimme zählt, weil deine Geschichte wichtig ist und niemand als du sie erzählen kann. Wie leise auch immer deine Stimme sein mag, wenn deine kleinen Geschichten bezwingend erzählt sind, werden die Leute näher rücken, um dich zu hören. Es kann sich bestärkend anfühlen, die Kontrolle über deine persönliche Erzählung zu haben. Wenn du bei deiner Geschichte die Feder in der Hand hältst, bist du auch auf eine Art federführend in deinem Leben.

TIPPS UND TRICKS

Kontinuierliche Schreibpraxis

Eine kontinuierliche Schreibpraxis zu etablieren bedeutet, das Aufnehmen und Erzählen kleiner Geschichten in dein tägliches Leben zu integrieren. Ein bisschen Organisation macht das möglich. Hab in deiner Tasche ein kleines Notizbuch, sodass du Sachen aufschreiben kannst, die du später deinem Tagebuch hinzufügst. Schreibe in den Deckel jedes Tagebuchs die Daten, an denen die Einträge beginnen und enden, und bewahre sie chronologisch im Regal oder in einer Kiste auf. Genauso sinnvoll ist es, ein Ordnersystem für deine Fotos zu haben. Ich habe zum Beispiel einen Ordner auf meinem Laptop, in den ich jede Woche ein Foto jedes meiner Kinder schiebe. Das erleichtert es mir sehr, später Fotos auszudrucken oder ein Fotobuch zu machen. Du kannst deine eigenen Fotografien nach Themen, Zeiten (Wochen, Monaten etc.) sortieren oder indem du jeden Tag ein Foto sammelst.

Nimm dir in regelmäßigen Abständen die Zeit, deine Fotos auszudrucken. Ich gebe zu, dass ich schrecklich darin bin, mich daran zu erinnern, aber ich bin immer hocherfreut, wenn ich es tue und ein Päckchen Fotos mit der Post kommt. Du kannst die Ausdrucke rahmen oder ausstellen, sie an Freund:innen und Familie schicken, in Alben kleben oder direkt in dein Tagebuch packen. Meine Freundin, die Fotografin Xanthe Berkeley,[11] sammelt Fotos in Stapeln, nach Ereignis, Zeitraum oder Thema. Sie fügt eine kurze schriftliche Erklärung hinzu und bindet sie mit einem Band zu einfachen, aber wunderschönen Zeitkapseln zusammen. Genauso könntest du deine kleinen Geschichten in Schuhkartons oder robusten Briefumschlägen sammeln – wähle das System, das für dich am besten passt.

Es hat weitere Vorteile, die kleinen Geschichten deines Lebens zu erzählen. Eine kontinuierliche Praxis des Erzählens stellt sicher, dass Erinnerungen festgehalten werden, für dich selbst und für die, die dir nah sind. Auf die gleiche Art, wie du Alltagsgeschichten erzählst, kannst du auch das Geschichtenerzählen nutzen, um Ereignisse, Reisen oder besondere Situationen festzuhalten. Storytelling hat auch darüber hinaus Nutzen. Für diejenigen mit kleinen Unternehmen ist das Erzählen kleiner Geschichten aus deinem Leben eine Möglichkeit, eine Verbundenheit zur Kundschaft aufzubauen. Das Geschichtenerzählen kann Inspiration für kreative Arbeit sein und du kannst es nutzen, um eine erkennbare Social-Media-Präsenz zu schaffen. Versuche dafür, deinen Bildern einen durchgängigen Stil, *Look & Feel* zu geben, einen, der deine persönliche Geschichte ausmacht. Für mich sind das gedeckte Farben, ruhige Naturbilder, Negativraum und ein zurückhaltendes Design. Für dich kann es etwas ganz anderes sein. Den Stil zu finden, der dich am besten wiedergibt, ist ein Prozess. Ein Visionboard wie das in Kapitel 3 zu erschaffen kann hilfreich sein, um deine Ideen der Stimmung, die dein Social-Media-Storytelling am besten widerspiegelt, festzuhalten. Wenn man lernt, seine kleinen Geschichten auf eine ansprechende Art zu erzählen, zieht das Menschen in dein Leben – oder, so vorhanden, in dein kreatives Geschäft. Ob es ein Job-Interview, ein Date oder ein Gespräch online ist, du kannst echte Verbindungen zu Menschen schaffen, indem du deine kleinen Geschichten teilst. Auf Social Media sowie im echten Leben ist diese Verbindung ein Prozess in zwei Richtungen – wenn du deine Geschichten anderen erzählst, ist es wichtig, die Hand auszustrecken und dich mit den Geschichten zu beschäftigen, die sie dir wiederum erzählen. Hinterlasse Kommentare, stelle Fragen, bilde Freundschaften. Schaue in die Geschichten anderer hinein, während du sie einlädst, durch das Fenster in dein Leben zu schauen. Obwohl unsere Geschichten uns nach innen ziehen, sind sie auch ein Weg zu Verbundenheit.

KAPITEL 9: DEINE GESCHICHTE

Vor allem ist das Geschichtenerzählen ein Akt, Erinnerungen aufzubewahren. Wir sammeln unsere kleinen Geschichten, sodass wir zu ihnen in der Zukunft zurückkehren können. Zusammen verschmelzen unsere Geschichten zu einer Botschaft, einem Geschenk unseres gegenwärtigen Ichs an unser zukünftiges Selbst zum erneuten Lesen und Erleben. Beim Sammeln von Geschichtenfragmenten beginnen sich mit der Zeit Themen und Muster zu zeigen. Schau zurück auf deine Fotos oder blättere durch dein Tagebuch. Gibt es rote Fäden, die sich durch deine Worte und Bilder ziehen? Jedes Leben enthält wiederkehrende Themen und oft versteckte Muster. Manchmal, wenn wir genau schauen, bemerken wir Zeichen und Synchronizität, die nur für uns Bedeutung haben, wie zum Beispiel das unerwartete Auftauchen von Objekten, die uns an jemanden erinnern, den wir verloren haben. Am Ende sind unsere Geschichten das, was wir selbst von uns zurücklassen – ein persönliches Erbe und ein Kapitel unserer Familiengeschichte. Indem du deine kleinen Geschichten sammelst, definierst und schaffst du dich selbst. Du wirst sehen, dass du durch den kreativen Prozess, sie zu erzählen, und den Akt, auf sie zurückzuschauen, ein klareres Verständnis davon entwickelst, was es bedeutet, du zu sein.

In ihrem Aufsatz *Why I write* beschreibt Joan Didion, dass sie sich genötigt fühlt, über die Bilder in ihrem Kopf, »die an den Rändern schimmern«,[12] zu schreiben. Es scheint mir, dass dieser Schimmer das Licht sein kann, das von Momenten unerwarteter Magie herrührt: von Geheimnis, Freude, Überraschung oder Wahrheit. Ob du es Schimmer oder Wunder oder Alltagsmagie nennst, die Gedanken, Bilder und Augenblicke, die für uns scheinen, sind Geschichten, die danach rufen, erzählt zu werden. Deswegen schenken wir ihnen Aufmerksamkeit – damit sie den flüchtigen Schimmer nicht verlieren – das verlockende Glimmern, das flüstert: »Erzähl meine Geschichte.«

Fazit

Wir sind unsere kleinen Geschichten und sie sind wir. Es kann so scheinen, als ob die großen Geschichten die wichtigsten wären – überragende Narrative und prägende Ereignisse –, aber wenn sich der Stoff unseres Lebens unerwartet verändert, verstehen wir, dass es die kleinen Geschichten waren, die die ganze Zeit alles bedeuteten. Wenn ich zurück durch das neblige Fenster meiner Vergangenheit blicke, auf Menschen und Augenblicke, die jetzt anders oder verloren sind, dann sind es die ereignislosen, ruhigen Zeiten, von den ich wünschte, ich könnte sie nochmals erleben. Die täglichen Details, die einst unbedeutend schienen, sind die kostbaren Schätze, nach denen ich mich sehne. Die Art, wie meine Yorkshire-Oma ihr Rouge auftrug, bevor sie das Haus verließ, die Lieder, die ich in der Dorfbushaltestelle als Teenagerin mit meiner besten Freundin trällerte, das Klingen des Gelächters meiner Babys, der Duft an Juniabenden von weißen Rosen, die die Mauern meines Hauses hochranken, der Geschmack süßer, klebriger Grillbananen an einem Straßenstand in Thailand oder der Klang des Skateboards meines zurückkehrenden Bruders, dessen Räder über den Kellerbodenrost im Zuhause meiner Eltern rollten.

Manche unserer kleinen Geschichten wollen wir teilen, uns damit der Welt öffnen, sie von den Dächern schreien und manche wollen wir heimlich zusammenfalten und wie eine Locke nahe dem Herzen bei uns tragen, um sie herauszunehmen und aufzufalten, wenn wir uns daran erinnern müssen, was am meisten zählt. Wir finden uns in kleinen Geschichten, den flüchtigen Momenten, den Alltagsschätzen, den winzigen Interaktionen, den gewöhnlichen Tagen. Virginia Woolf verglich einst ihr Tagebuch mit einem Schreibtisch, in den sie allen möglichen Kleinkram hineinschmiss. Mit der Zeit, hoffte sie, würden sich diese zu einer »Form« verbinden, »transparent genug, um das Licht unseres Lebens widerzuspiegeln«.[13] Woolfs Kleinkram sind unsere kleinen Geschichten. Wir hoffen, dass sie, wenn wir sie weiter sammeln, mit der Zeit eine klare Form annehmen, die uns das Licht unseres Lebens widerspiegelt und vielleicht eine Bedeutung enthüllt, derer wir uns womöglich bislang nicht bewusst waren. Ich hoffe, dass deine kleinen Geschichten dir das widerspiegeln, was der Dichter Hafiz of Shiraz als »das erstaunliche Licht deines eigenen Seins« beschrieb – kleine Geschichten, die dir zeigen, wer du bist.

Diese wunderschönen gewöhnlichen Tage sind die Tage unseres Lebens. Der einzige Augenblick, dessen wir sicher sein können, ist der, in dem wir uns genau jetzt befinden. Wir können trübäugig durch ihn schlafwandeln mit Gesichtern, die nur vom Glimmern unserer Smartphones erleuchtet werden, oder wir können uns entscheiden, unsere Augen zu öffnen, in die Welt zu treten, die Einladung anzunehmen, erstaunt zu sein und die Geschichte dessen, was wir sehen, einzufangen.

Das Leben ist echt, lasst uns aufmerksam sein.
Wir haben Geschichten zu erzählen.

Nachwort

Es ist jetzt fast ein Jahrzehnt her, dass ich mein Haus in Bristol und die Nachbarn mit ihrem Apfelbaum verlassen habe. Ich lebe jetzt auf dem Land in einer kleinen Stadt in Gloucestershire. Zufälligerweise ist Gloucestershire eine Cider-Gegend. Es gibt jede Menge Obstplantagen und Äpfel sind so verehrt, dass sie jeden Winter in einer traditionellen Feier, die man Wassail nennt, gesegnet werden. In fast jedem Garten der Stadt scheint ein Apfelbaum zu stehen. Jeden Herbst stellen nette Leute Körbe mit Fallobstäpfeln für Vorbeikommende vor ihre Häuser, mit Schildern, auf denen »Bramleys«, »kostenlose Äpfel« oder »Bedien dich« steht. Es ist eine liebenswürdige Tradition, die den Geschmack des Fallobstes noch süßer macht.

Als ich nach Hause laufe, komme ich an einem dieser Apfelkörbe vorbei und fülle eine große Tüte mit glänzendem Obst, um daraus einen Kuchen zu backen: ein neuer Twist einer alten Geschichte. Es gibt immer noch mehr Äpfel und es wird immer noch mehr Geschichten geben.

Bibliografie

BÜCHER

Batchelor, Stephen. *Secular Buddhism: Imagining the Dharma in an Uncertain World.* New Haven: Yale University Press, 2017

Bennett, Andrew / Royle, Nicholas. *An Introduction to Literature, Criticism and Theory.* Harlow: Pearson Education, 1999

Berger, John. *Ways of Seeing.* London: Penguin Books, 1972

Booker, Christopher. *The Seven Basic Plots: Why We Tell Stories.* London: Bloomsbury, 2004

Borzello, Frances. *Seeing Ourselves: Women's Self-Portraits.* London: Thames & Hudson, 2016

Boyd, Brian. *On the Origin of Stories: Evolution, Cognition and Fiction.* London: The Belknap Press of Harvard University Press, 2009

Buster, Bobette. *Do Story.* Wales: The Do Book Company, 2013

Buster, Bobette. *Do Listen.* Wales: The Do Book Company, 2018

Cameron, Julia. *The Artist's Way.* London: Souvenir Press, 2020

Catmull, Ed. *Creativity Inc: Overcoming the Unseen Forces that Stand in the Way of True Inspiration.* London: Transworld, 2014

Csikszentmihalyi, Mihaly. *Flow: The Classic Work on How to Achieve Happiness.* London: Penguin Random House, 2002

Dahl, Roald. *The Minpins.* London: Puffin, 2013

Didion, Joan. *Slouching Towards Bethlehem.* London: 4th Estate, 2017

Dillard, Annie. *The Writing Life.* New York: Harper Collins, 1989

Eliot, T. S. *Collected Poems 1909–1962.* London: Faber & Faber, 1963

Elkin, Lauren. *Flâneuse: Women Walk the City in Paris, New York, Tokyo, Venice and London.* London: Vintage, 2016

Fassler, Joe (Hg.). *Light the Dark: Writers on Creativity, Inspiration and the Artistic Process.* New York: Penguin Books, 2017

Feldman, Christina / Kuyken, Willem. *Mindfulness: Ancient Wisdom Meets Modern Psychology.* New York: The Guildford Press, 2019

Gay, Ross. *Catalog of Unabashed Gratitude.* Pittsburgh: University of Pittsburgh Press, 2015

Gay, Ross. *The Book of Delights.* Chapel Hill: Algonquin Books, 2019

Gilbert, Elizabeth. *Big Magic: Creative Living Beyond Fear.* London: Bloomsbury, 2015

Goldberg, Natalie. *Writing Down the Bones: Freeing the Writer Within.* Boulder: Shambhala, 2016

Gottschall, Jonathan. *The Storytelling Animal: How Stories Make Us Human.* New York: Mariner Books, 2013

Hạnh, Thích Nhất. *How to Walk.* London: Ebury, 2016

Hayes, Megan. *Write Yourself Happy: The Art of Positive Journalling.* London: Gaia, 2018

Kaufman, Scott Barry / Gregoire, Carolyn. *Wired to Create: Unravelling the Mysteries of the Creative Mind.* New York: Penguin Random House, 2016

Kenward, Joy. *The Joy of Mindful Writing.* London: Leaping Hare Press, 2017

Kephart, Beth. *Handling the Truth: On the Writing of Memoir.* New York: Avery, 2013

Lamott, Anne. *Bird by Bird.* New York: Anchor Books, 1994

Langer, Ellen J. *On Becoming an Artist: Reinventing Yourself Through Mindful Creativity.* New York: Random House, 2005

Manguso, Sarah. *Ongoingness: The End of a Diary.* London: Picador, 2019

McKee, Robert. *Story: Substance, Structure, Style and the Principles of Screenwriting.* London: Methuen, 1999

BIBLIOGRAFIE

Oliver, Mary. *Devotions*. New York: Penguin Press, 2017

Oliver, Mary. *Upstream: Selected Essays*. New York: Penguin Random House, 2019

Patchett, Ann. *This is the Story of a Happy Marriage*. London: Bloomsbury, 2013

Rainer, Tristine. *The New Diary: How to Use a Journal for Self-Guidance and Expanded Creativity*. New York: Penguin Books, 2004

Rainer, Tristine. *Your Life as Story: Discovering the »New Autobiography« and Writing Memoir as Literature*. New York: Penguin Putnam, 1997

Sackville-West, Vita (Hg. v. Mary Ann Caws). *Selected Writings*. New York: Palgrave Macmillan, 2003

Shapiro, Dani. *Still Writing: The Perils and Pleasures of a Creative Life*. New York: Grove Press, 2013

Solnit, Rebecca. *The Faraway Nearby*. London: Granta Books, 2013

Storr, Will. *The Science of Storytelling*. London: William Collins, 2019

Williams, Mark / Penman, Danny. *Mindfulness: A Practical Guide to Finding Peace in a Frantic World*. London: Piatkus, 2011

Wilson, E. O. *The Origins of Creativity*. Allen Lane, 2017

Woolf, Virginia (Hg. v. Leonard Woolf). *A Writer's Diary: Being Extracts from the Diary of Virginia Woolf*. London: Persephone Books, 2012

Yorke, John. *Into the Woods: How Stories Work and Why We Tell Them*. London: Penguin Books, 2013

ARTIKEL UND VORTRÄGE

Adichie, Chimamanda Ngozi. »The Danger of a Single Story«. TED Talk, 2009 www.youtube.com/watch?v=D9Ihs241zeg

Backhaus, Jessica. »Wonder«. www.fstoppers.com/video/jessica-backhaus-finds-beauty-and-wonder-ordinary-5208

Biswas-Diene, Robert. »Your Happiest Days are Behind You«. TED Talk, 2014 www.youtube.com/watch?v=-QTVv9tAlIE

Didion, Joan. »Why I Write«. *New York Times*, 5. Dezember 1976. www.nytimes.com/1976/12/05/archives/why-i-write-why-i-write.html

Ephron, Norah. Commencement Address: www.wellesley.edu/events/commencement/archives/1996commencement

Erwitt, Elliott. Auszug von Magnum Photos aus *Museum Watching* (1999) www.magnumphotos.com/arts-culture/society-arts-culture/elliott-erwitt-life/

Evans, Diana. »The Heart of The Matter«. *Harper's Bazaar,* August 2020

Feller, Bruce. »The Stories That Bind Us«. *New York Times*, 15. März 2013 www.nytimes.com/2013/03/17/fashion/the-family-stories-that-bind-us-this-life.html

Fivush, Robyn. »The ›Do You Know?‹ 20 Questions About Family Stories«. www.psychologytoday.com/gb/blog/the-stories-our-lives/201611/the-do-you-know-20-questions-about-family-stories

Fivush, Robyn. »What Stories Will You Leave as Your Family Legacy?«. www.psychologytoday.com/gb/blog/the-stories-our-lives/201911/what-stories-will-you-leave-your-family-legacy

Gaffney, David. »Stories in your pocket: how to write flash fiction«. *The Guardian*, 14. Mai 2012 www.theguardian.com/books/2012/may/14/how-to-write-flash-fiction

Gaiman, Neil. »How Stories Last«, Long Now Foundation, 9. Juni 2015 www.brainpickings.org/2015/06/16/neil-gaiman-how-stories-last/

Gilbert, Elizabeth. »Your Elusive Creative Genius«. TED Talk, 2009
www.ted.com/talks/elizabeth_gilbert_your_elusive_creative_genius

Glass, Ira. »The Taste Gap: Ira Glass on the Secret of Creative Success, Animated in Living Typography«.
www.brainpickings.org/2014/01/29/ira-glass-success-daniel-sax

Greenfield, Susan, Baroness Greenfield. »On Storytelling«. School of Life-Vorlesung, Conway Hall, 11. Dezember 2011
www.vimeo.com/33716283

Jackson, Shirley. »Memory & Delusion«. New Yorker, 31. Juli 2015
www.newyorker.com/books/page-turner/memory-and-delusion

Lieberman, Matthew. »Diaries: A Healthy Choice«. New York Times, 21. Dezember 2012
www.nytimes.com/roomfordebate/2012/11/25/will-diaries-be-published-in-2050/diaries-a-healthy-choice

Morris, William. »The Aims of Art« (in der Sammlung Signs of Change, 1888).
www.morrissociety.blogspot.com/2010/10/william-morris-on-happiness.html

Silverman, Sue William. »Innocence & Experience: Voice in Creative Nonfiction«.
www.creativenonfiction.org/brevity/craft/craft_voice.htm

Wilson, Clare. »Mindfulness and meditation can worsen depression and anxiety«.
www.newscientist.com/article/2251840-mindfulness-and-meditation-can-worsen-depression-and-anxiety

Winfrey, Oprah. www.news.harvard.edu/gazette/story/2013/05/winfreys-commencement-address

STUDIEN

Allen, Summer. »The Science of Gratitude«, Mai 2018
https://ggsc.berkeley.edu/images/uploads/GGSC-JTF_White_Paper-Gratitude-FINAL.pdf?_ga=2.205728730.856362745.1596191338-325901936.1596191338

Brewster, Liz / Cox, Andrew. »The daily digital practice as a form of self-care: Using photography for everyday well-being«, in: Health: An Interdisciplinary Journal for the Social Study of Health, Illness and Medicine, 2018
https://www.lancaster.ac.uk/news/articles/2018/daily-photography-improves-wellbeing

Diehl, Kristin / Zaubermann, Gal / Barasch, Alixandra. »How Taking Photos Increases Enjoyment of Experiences«, in: Journal of Personality and Social Psychology, 2016, Vol. 111, Nr. 2, S. 119–140

Duke, Marshall P. / Lazarus, Amber / Fivush, Robyn. »Knowledge of family history as a clinically useful index of psychological well-being and prognosis: A brief report«, in: Psychotherapy: Theory, Research, Practice, Training, 2008, 45(2), S. 268–272
https://doi.org/10.1037/0033-3204.45.2.268

Nezlek, John B. / Newman, David / Thrash, Todd M. »A daily diary study of relationships between feelings of gratitude and well-being«, in: The Journal of Positive Psychology, 2016. DOI: 10.1080/17439760.2016.1198923

VON LAURA INTERVIEWTE SCHRIFTSTELLERINNEN UND FOTOGRAFINNEN

Polly Alderton, www.dollyandfife.com

Bobette Buster, www.bobettebuster.com

Emma Christie, www.emmachristiewriter.com

Rachel Edwards, www.racheledwards.com

Dominique St.-Germain, www.instagram.com/karayiib

Eliska Tanzer; www.hardmanswainson.com/authors/eliska-tanzer

Jo Yee; www.joannayee.com

Anmerkungen

KAPITEL 1:
DER ZAUBER DES ALLTÄGLICHEN

1 Oliver, *Devotions (Sometimes)*
2 Shapiro, *Still Writing*, S. 123
3 Dillard, *The Writing Life*, S. 32
4 https://www.lancaster.ac.uk/news/articles/2018/daily-photography-improves-wellbeing/

KAPITEL 2:
IM MOMENT LEBEN

1 Oliver, *Upstream*, S. 8
2 Csikszentmihalyi, *Flow*, S. 33
3 Feldman & Kuyken, *Mindfulness*, S. 14
4 Feldman & Kuyken, *Mindfulness*, S. 17
5 Wilson, »Mindfulness and meditation can worsen depression and anxiety«
6 Hạnh, *How to Walk*, S. 19
7 Hạnh, S. 71
8 Buster, *Do Story*, S. 63
9 Sackville-West, *Selected Writings*, S. 125
10 Kenward, *The Joy of Mindful Writing*, S. 13
11 Goldberg, *Writing Down the Bones*, S. 36
12 Cameron, *The Artist's Way*, S. 14
13 Batchelor, *Secular Buddhism* (http://blog.yalebooks.com/2018/03/10/meditation-and-photography)
14 Zit. in »Dorothea Lange used photography to make an ugly world beautiful. She used words to give that beauty meaning.« Philip Kennicott, *Washington Post*, 20. Februar 2020
15 Hạnh, *How to Walk*, S. 12
16 Manguso, *Ongoingness*, S. 85

KAPITEL 3:
NACH INNEN SCHAUEN

1 Didion, *Slouching Towards Bethlehem*, S. 136
2 Rainer, *The New Diary*, S. 19
3 Allen, »The Science of Gratitude«, S. 4
4 Nezlek / Newman / Thrash, »A daily diary study of relationships between feelings of gratitude and well-being«
5 Gay, *The Book of Delights*, S. 1
6 Gay, S. 11
7 Gay, S. 108
8 Manguso, *Ongoingness*, S. 77
9 Manguso, S. 86
10 Backhaus, »Wonder«

KAPITEL 4:
DAS GEHEIMNIS DER KREATIVITÄT

1 Langer, *On Becoming an Artist*, S. 24
2 Wilson, *The Origins of Creativity*, S. 3
3 Kaufman/Gregoire, *Wired to Create*
4 Gilbert, *Big Magic*, S. 247
5 Gilbert, S. 34
6 Gilbert, »Your Elusive Creative Genius«
7 Csikszentmihalyi, *Flow*, S. 41
8 Csikszentmihalyi, S. 74
9 Woolf, *A Writer's Diary*, S. 220
10 Langer, *On Becoming an Artist*, S. 211
11 Wilson, *The Origins of Creativity*, S. 23
12 Cameron, *The Artist's Way*, S. 21

KAPITEL 5:
DINGE ANDERS SEHEN

1 Morris, »The Aims of Art«
2 Buster, *Do Story*, S. 22
3 Storr, *The Science of Storytelling*, S. 28
4 Storr, S. 29
5 Erwitt, Auszug aus *Museum Watching*
6 Berger, *Ways of Seeing*, S. 8
7 Berger, S. 10
8 Goldberg, *Writing Down the Bones*, S. 47
9 Goldberg, S. 82
10 Lamott, *Bird by Bird*, S. 100
11 Dahl, *The Minpins*
12 Jackson, »Memory & Delusion«

KAPITEL 6:
FINDE DEINE KREATIVE STIMME

1 Winfrey, Commencement Address
2 Dillard, *The Writing Life*, S. 68
3 Lamott, *Bird by Bird*, S. 226
4 Gilbert, *Big Magic*, S. 92
5 Solnit, *The Faraway Nearby*, S. 4

KAPITEL 7:
THE POWER OF STORY

1 Storr, *The Science of Storytelling*, S. 20
2 Greenfield, »On Storytelling«
3 McKee, *Story*, S. 12
4 Solnit, *The Faraway Nearby*, S. 27
5 Patchett, *This is the Story of a Happy Marriage*, S. 125

6 Boyd, *On the Origin of Stories*, S. 393
7 Evans, »The Heart of the Matter«
8 Storr, *The Science of Storytelling*, S. 203
9 Adichie, »The Danger of a Single Story«

KAPITEL 8:
KLEINE GESCHICHTEN ANFERTIGEN

1 Diehl / Zauberman / Barasch, »How Taking Photos Increases Enjoyment of Experiences«
2 Brewster / Cox, »The daily digital practice as a form of self-care«
3 Lieberman, »Diaries: A Healthy Choice«

KAPITEL 9:
DEINE GESCHICHTE

1 Borzello, *Seeing Ourselves*, S. 19
2 https://www.instagram.com/thisisjules/
3 Borzello, *Seeing Ourselves*, S. 231
4 http://www.vivianmaier.com/gallery/self-portraits/
5 Eliot, *Collected Poems*, S. 79
6 Duke/Lazarus/Fivush, »Knowledge of family history as a clinically useful index of psychological well-being and prognosis«
7 Fivush, »The ›Do You Know?‹ 20 Questions About Family Stories«
8 Feller, »The Stories That Bind Us«
9 Fivush, »What Stories Will You Leave as Your Family Legacy?«
10 Ephron, Commencement Address
11 https://www.xantheberkeley.com
12 Didion, »Why I Write«
13 Woolf, *A Writer's Diary*, S. 14

Danksagung

Mein aufrichtiger Dank gilt den folgenden Personen, ohne die dieses Buch nicht existieren würde:

Ich danke meiner hervorragenden Agentin Caroline Hardman. Ich bin so begeistert, dass du für mich da bist.

Ich danke dem fantastischen Team des Quadrille Verlags, besonders meinen wunderbaren Lektorinnen Sarah Thickett und Harriet Butt, meiner Korrektorin Sarah Mitchell und der Designerin Gema Hayden, die meine Ästhetik perfekt verstanden hat und ein wunderschönes Buch hat entstehen lassen.

Mein Dank geht an die Autorinnen und Fotografinnen, die freundlicherweise mit mir ihre Gedanken zum Thema Kreativität und Geschichtenerzählen geteilt haben: Polly Alderton, Rachel Edwards, Dominique St.-Germain, Eliska Tanzer und Jo Yee.

Danke, Bob Kempton. Dein Rat war von unschätzbarem Wert, sowohl für mein Exposé als auch für mein Schreiben.

Ich danke Bobette Buster, die mir ihre Zeit geschenkt und ihre Weisheit mit mir geteilt hat. Es war eine Ehre, dass ich mit dir sprechen durfte.

Danke, Chloe Turner, für unsere Buchgespräche beim Kaffee in der Kleinkindgruppe und dass du mir gezeigt hast, wie man inmitten des Chaos Raum zum Schreiben schafft. Ich kann es kaum erwarten, mein Buch neben deinem im Regal stehen zu sehen.

Ich danke Annie Marston, die mich aufgemuntert hat, als ich vorschlug, dass wir einen Strickblog machen – damit fing alles an. Du hast immer an mich geglaubt, du wahrste Freundin.

Ich danke meinen Eltern, deren Liebe und Unterstützung ein starker roter Faden ist, der sich durch meine eigene Geschichte zieht – und meinem Bruder Tom, auf der anderen Seite des Ozeans, aber in meinem Herzen.

Mein Dank gilt den Geschichtenerzählerinnen der Familie, Oma Tiger und Oma Jean. Von euch habe ich gelernt, wo ich herkomme und wer ich sein will.

Ich danke allen, die sich mit meiner Geschichte auseinandergesetzt haben, indem sie meine Worte gelesen und sich auf meine Fotos eingelassen haben. Danke, dass ihr euch die Zeit nehmt, in meinen Alltag zu schauen und den euren mit mir zu teilen. Ich habe dieses Buch für euch geschrieben.

Zu guter Letzt danke ich Dan und unseren drei Kindern, die mir alles bedeuten. Ihr füllt meinen Alltag mit Freude und Wunder. Zwischen uns haben wir Lockdown, Homeschooling und Buchabgabe jongliert. Ich danke euch. Ich liebe euch.

Über die Autorin

Laura Pashby ist eine Autorin und Fotografin. Sie erzählt ihre Geschichten mit Worten und Fotos: online, für Marken und in Magazinen. Sie ist außerdem Lehrerin mit einem Magister in Literatur und gibt Online-Seminare in Storytelling. Laura hat drei Jahre als stellvertretende Chefredakteurin von *91 Magazine* gearbeitet – einem unabhängigen kreativen Wohnmagazin. Auf Social-Media-Kanälen, insbesondere auf Instagram, hat sie eine engagierte Followerschaft, die sich für ihre atmosphärischen Bilder und ihr gefühlvolles Erzählen interessiert. Laura Pashby lebt mit ihrem Mann und ihren drei Kindern in Gloucestershire.

#littlestoriesbook

DU KANNST LAURA HIER FINDEN:

laurapashby.com

@circleofpines